Wieso hast Du so wenig Durchhaltevermögen

Mein aufrichtiger Dank gilt
Gisela Nehrbaß
Ohne ihre Beteiligung und Motivation,
wäre dieses Buch nicht entstanden

Nicole Wendschuh
Für die Satz- und Covergestaltung

Ernst Crameri

Wieso hast Du so wenig Durchhaltevermögen

Wache auf, bevor es zu spät ist

Bewege dich endlich

Bibliografische Information der Deutschen Nationalbibliothek
Die Deutsche Nationalbibliothek verzeichnet diese Publikation
in der Deutschen Nationalbibliografie; detaillierte bibliografische Daten sind im
Internet über http://dnb.d-nb.de abrufbar

Crameri-Naturkosmetik GmbH Beauty&Wellness
2. Auflage
Druck in Deutschland

ISBN: 978-3-86689-006-0

Inhaltsverzeichnis

Vorwort

Liebe Leser,

herzlichen Glückwunsch, dass Sie dieses Buch erworben haben. Es zeigt klar und deutlich, dass Sie ernsthaft Interesse haben, mehr aus Ihrem bisherigen Leben zu machen und Durchhaltevermögen an den Tag zu legen.

Das sind entscheidende Punkte. Leider geben die meisten zu früh auf und das ist schade. Viele Dinge gäbe es heute auf der Erde nicht, wenn die Entdecker und Erfinder zu früh aufgegeben hätten.

Auch in Ihnen persönlich steckt mehr, als Sie annehmen. Mancher behauptet, es zu spüren, was häufig in folgender Aussage mündet

**„Ich spüre, in mir steckt etwas Großes,
da kommt noch etwas auf mich zu!"**

Genau das ist der Punkt, es kommt nichts auf uns zu. Wir müssen uns aktiv in Bewegung setzen, sonst haben wir keine Chance.

Zu warten, dass sich die Dinge ändern bedeutet, wie ein Kleinkind denken. Alles braucht eine gewisse Aktivität, oder wie in der Landwirtschaft dargestellt

„Es muss gesät werden, ansonsten kann man nichts ernten!"

Es wird nur das wachsen, was wir gesät haben. Das wird leider vergessen und dann ist man erstaunt, dass nichts geschieht oder etwas anderes, als das Gewünschte.

Ihr Leben ist zu kostbar, um es zu vertrödeln. Das kann und darf nicht sein. Sie haben viele Fähigkeiten vom Leben erhalten, nutzen

Sie diese für sich und zum Wohle anderer Menschen. Geben Sie dem Leben etwas zurück, das ist ein dringlicher Prozess.

Leider fragen die meisten nur nach dem, was die anderen, sei es der Staat, die Familie, Freunde und Bekannte, für sie tun können. Es gibt zu viele Nassauer. Die große Gruppe des Stammes der „Nehmer!"

Das bringt kein Glück, keine Freude und noch weniger Freunde. Letztlich ist es einfach, wenn man weiß, wie es funktioniert. Halten Sie durch, lassen Sie sich von niemandem auf Ihrem Lebensweg beirren. Nie und nimmer, es wäre schade, wenn Sie eines Tages als unerkanntes Genie auf dem Friedhof liegen, derer gibt es genug.

Bauen Sie Ihr großartiges Potential unbedingt aus. Beweisen Sie unendliches Durchhaltevermögen. Es ist nicht immer leicht, aber jedes Mal, wenn Sie es gepackt haben, sind Sie einen großen Schritt weitergekommen.

Genau um das geht es im Leben, weiterkommen und nicht stehen zu bleiben. Dabei sich noch dem meist geliebten Hobby zu widmen, dem allgemeinen Jammern, weil alles so schlecht und furchtbar ist, das kann es beim besten Willen nicht sein.

Es ist anderen Menschen gegenüber unverschämt, sich dermaßen zu verhalten. Diese Einstellungen und Umsetzungen färben garantiert auf die Umwelt ab. Denken Sie an die Allgemeinverantwortung, die jeder Mensch hat.

Ich wünsche Ihnen Kraft und Power, das Buch zu Ende zu lesen und die Dinge umzusetzen. Denken Sie an folgende primäre Aussage

„Sich regen - bringt Segen!"

Es liegt in Ihrer Hand, Sie haben alle Fähigkeiten in sich vereint. Diese gilt es endlich auszugraben, sie zu fordern und fördern. Das kann alleine geschehen, anhand eines wertvollen Buches, mit anderen Erfolgreichen oder im Coaching. Dieses hat sich gut bewährt und führt durch das intensive Training, wesentlich schneller zum gewünschten und anhaltenden Erfolg.

In diesem Sinne, wünsche ich Ihnen alles Liebe und Gute, vor allem viel Spaß bei der täglichen Umsetzung.

Herzlichst

Ihr Ernst Crameri

Wie Sie ein Buch optimal lesen

Es gibt verschiedene Arten, ein Buch zu lesen. Die meisten lesen es Seite für Seite und das war es dann, hinzu kommt noch, nach Lust und Laune. Bei Romanen oder sonstigen Geschichten ist dies völlig in Ordnung. Wenn Sie jedoch ein Lebensbuch lesen und es etwas in Ihrem Leben bewirken soll, muss unbedingt Disziplin vorhanden sein. Sie wollen doch den größtmöglichsten Nutzen daraus ziehen.

Oberflächlich

Verlassen Sie unbedingt die Oberflächlichkeit, sonst haben Sie in Kürze bereits fast alles vergessen. Was nützt es, wenn Sie ein Buch kaufen, weil Sie der Titel angesprochen hat? Sie möchten einige Dinge davon umsetzen, fangen an zu lesen und müssen gegen die Macht der Gewohnheiten und die Vergesslichkeitsquote antreten. Da haben Sie kaum eine Chance und das ist mit ein Grund, weshalb sich bei den meisten Menschen nichts ändert. Es sind oft wenige, die ihr Leben umkrempeln und eine Meisterleistung daraus machen.

Arbeiten Sie mit Ihrem Buch

Arbeiten Sie intensiv mit Ihrem Buch und machen Sie sich Notizen. Da höre ich häufig „Das kann ich doch nicht machen, im Buch herumkritzeln und mit dem Leuchtmarker wichtige Passagen kennzeichnen!" Wer sagt so etwas? Da haben wir wieder diese alten Glaubenssätze, von wegen „Das tut man nicht" und noch weiteren Schwachsinn. Verlassen Sie unbedingt diesen alten, ausgetretenen Pfad.

Ein Bleistift immer zur Hand

Haben Sie einen Bleistift oder Kugelschreiber zur Hand. „Wer schreibt, der bleibt!" Dies ist eine altbekannte Tatsache. Sie unterstreichen damit die wichtigsten Passagen und machen sich unverzüglich Notizen. Am Anfang mag es komisch sein, aber im Laufe der Zeit gewöhnen Sie sich daran.

Machen Sie sich Notizen

Teilen Sie jede Seite des Buches in zwei Hälften, in eine obere und eine untere Hälfte. Wenn Sie bis zur Mitte gelesen haben, schreiben Sie die wichtigste Erkenntnis oben in das weiße Feld. Genau das Gleiche machen Sie mit der unteren Hälfte. Am Ende eines Kapitels, fassen Sie die für Sie fünf wichtigsten Kernsätze zusammen und schreiben diese auf. Am Ende des Buches erfassen Sie aus allen Kernsätzen, die fünf elementarsten Sätze. Diese Vorgehensweise hilft Ihnen, Klarheit zu gewinnen und den totalen Überblick zu behalten. Wir können uns nicht alles merken und genauso wenig auf einmal und sofort erledigen. Mit dieser Vorgehensweise geht nichts verloren.

Den Leuchtmarker für wichtige Passagen

Zwischendurch arbeiten Sie bitte mit Ihrem Leuchtmarker, ein wichtiges Instrumentarium. Wie es der Name aussagt, hilft Ihnen der Leuchtmarker Passagen hervorzuheben, damit Sie diese mit einem Blick erkennen können. Zeit ist Geld und hier geht es um die Schnelligkeit.

Sehen Sie es als ein Arbeitsbuch

Es sind Arbeitsbücher und nicht Aufbewahrungswerke. Etliche Menschen nehmen ein Buch, wie ein rohes Ei in ihre Hand. Sie wollen sicherlich keine Büchersammlung Ihr eigen nennen, sondern sich fort- und weiterbilden. Das sind die dringlichen Dinge, die Sie entsprechend voranbringen. Viele besitzen Bücher, um diese in ein Bücherbord zu stellen.

Konsequentes Auseinandersetzen führt zum Erfolg

Je intensiver Sie sich mit den Passagen auseinandersetzen, desto schneller kommen Sie voran. Nur die positive Veränderung führt letztlich zu den gewünschten Ergebnissen. Wer jedoch stets das tut, was er bisher getan hat, wird immer das Gleiche ernten. Erstaunlich, wie die Menschen permanent in das gleiche Schema verfallen und erstaunt sind, dass sich nichts getan hat.

Lesen Sie niemals passiv

Das ist Vergangenheit, egal was Sie lesen. Wenn ich Zeitschriften lese, handhabe ich es nach dem gleichen Prinzip. Wichtige Passagen kennzeichne ich mit Kugelschreiber oder mit dem Textmarker. Ich reiße aus den Zeitungen oder Zeitschriften, die für mich interessanten Texte heraus. Es gibt für mich keinen Sinn, alles mit mir herumzuschleppen, oder zu sammeln. Zuhause angekommen halte ich die Dinge fest, und fange an damit zu arbeiten. Ich möchte durch die Passagen, die interessant sind, Veränderungen hervorrufen, schnell ins aktive Handeln kommen.

Wieso haben Sie das Buch gekauft

Wieso tun Sie das, was Sie tun? Auf die Frage erhalte ich häufig keine vernünftige Antwort. Da wird lieber herumgeeiert, anstatt klar, konkret, messbar und unmissverständlich, die Fakten zu kommentieren. Viele Menschen wissen leider nicht, wieso sie etwas tun oder nicht. Um zum Erfolg zu gelangen, einem glücklichen Leben, ist es von Wichtigkeit, für einen klaren, gezielten Überblick zu sorgen. Nie etwas dem Zufall überlassen, denn das führt schnell ins Aus.

Alles sollte einen Sinn geben

Auch wenn das viele verneinen. Zu wissen, wieso man manches tut oder nicht, führt im Leben weiter und schafft Klarheit. Um diese geht es schlussendlich, die Dinge aus der Adlerperspektive zu überblicken. Mit dieser Klarheit steht Ihrem Erfolg nichts mehr im Wege. Lesen Sie hierzu mein brisantes Buch „Bist du ein Huhn oder ein Adler?“

Was versprechen Sie sich davon

Was versprechen Sie sich davon, dass Sie dieses Buch gekauft haben? Was hat Ihren Kaufimpuls ausgelöst? Sind Sie bereit Änderungen in Ihrem Leben zu implementieren?

1.) ______________________________

2.) ______________________________

3.) ______________________________

4.) ______________________________

5.) ______________________________

Gehen Sie unbedingt in die Schriftlichkeit, das empfehle ich Ihnen für alle Lebenslagen. Denn was man schwarz auf weiß vor sich liegen hat, kann man stets nachvollziehen, analysieren und wiederholen.

Ihr Fazit: ____

Was hat Sie inspiriert

Was war der entscheidende Auslöser für Sie, das Buch zu kaufen? Fühlen Sie eine Affinität zu diesem Thema? Haben Sie sich in dem Dilemma erkannt, permanent das Durchhaltevermögen schleifen zu lassen? Haben Sie erkannt, dass Sie in Ihrem Leben schon weiter sein könnten, sich jedoch selbst durch mangelnde Entschlusskraft daran hindern? Sich im Wege stehen, und als Krönung nicht bis zum Ende durchhalten.

Das ist schade und traurig, denn dadurch verstreicht Ihre wertvolle Lebenszeit, ohne dass sich etwas Gigantisches bewegt hat. Ist es das, was Sie wollen? Eines Tages werden Sie alt sein und sich fragen dürfen, ob es das jetzt gewesen ist. Kein schöner Aspekt, wenn man feststellen darf, dass man fast alles, was man tun wollte, vernachlässigt hat. Das ist nicht besonders erbauend und erfolgsbringend.

Wie oft werden Sie das Buch lesen

Das ist meine nächste Frage, wie oft werden Sie das Buch in die Hand nehmen und darin lesen? Die meisten Menschen kaufen ein Buch, fangen an zu lesen, um es auf die Seite zu legen, oder ziehen es in einem Stück durch. Manche stellen es nach dem Kauf in ihre Bücherwand, da ist das Buch erst einmal gut aufgehoben, das ist eine Variante. Frage ist, was sich am sinnvollsten darstellt? Einmal das Buch zu lesen, ergibt keinen großen Sinn. Folglich heißt es klar und deutlich, mehrmals lesen. In der stetigen Wiederholung liegt die Kraft und Sie werden begeistert sein. Jedes Mal entdecken Sie neue Passagen, dadurch wichtige Erkenntnisse und sind erstaunt darüber.

Was machen Sie mit dem Erlernten

Ich hoffe doch, dass Sie das Erlernte unverzüglich umsetzen. Oder gehören Sie auch zu den sogenannten

„Büchertouristen“

die ein Buch nach dem anderen konsumieren oder kaufen und möglichst nichts umsetzen? Das ist aber nicht der Sinn und Zweck eines Buches.

Wer sind Sie überhaupt

Haben Sie sich diese Frage schon gestellt? Auf der Suche nach sich selbst, die eigene Person zu finden, sich nach seinen Fähigkeiten und Begabungen zu richten, ist etwas Schönes und zugleich Inspirierendes. Hören Sie nie in Ihrem Leben auf, nach Ihrer Ideallinie zu streben. Es führt Sie wesentlich weiter, als alles andere.

Was für eine komische Frage

Das höre ich häufig, ich bin doch eine Frau oder ein Mann. Das ist leider nicht sehr aussagekräftig. Es geht um innere Werte und um die Qualität, der Lebenseigenschaften. Was ist Ihre Berufung, für was sind Sie auf der Welt? Was ist Ihre große Lebensaufgabe?

Beschäftigen Sie sich mit sich selbst

Positive Erforschung seiner selbst. Die Selbstfindung ist ein Prozess, der nie abgeschlossen sein darf. Wer glaubt, dass er fertig ist, ist in der Tat fertig. Das ist traurig, diesen Menschen zu begegnen. Sie glauben, es sei gelaufen und sie hätten alles im Griff. Das hat man aber niemals, solange man lebt.

Für was sind Sie auf der Erde

Haben Sie sich das schon einmal gefragt? Wozu sind Sie hier? Vielleicht um anderen Menschen die Luft zum Atmen zu nehmen und das Essen weg zu essen? Das ist die böse Variante. Natürlich gibt es noch weitere Dinge, kennen Sie diese? Haben Sie sich damit bereits beschäftigt? Meine große Aufgabe ist, anderen Menschen auf Erden zu zeigen, wie leicht es ist, zu leben. Ihnen die Chance zu geben, dass man nicht von anderen abhängig ist, wohl sein eigenes Leben führen kann und sich nicht auf die Hoffnung beschränken muss.

Was ist Ihre Funktion

Was ist Ihre Aufgabe? Wofür stehen Sie Tag für Tag auf? Bei dieser Frage sagen mir die meisten „Wegen dem Finanziellen, ich muss doch von irgendetwas leben, will mir was leisten." Na super, das ist eine großartige Motivation. Dies kann es aber sicherlich nicht sein. Natürlich müssen wir alle arbeiten, um für unseren Lebensunterhalt aufzukommen. Wenn das jedoch der gesamte Lebensinhalt sein sollte, ist das eine Katastrophe. Dafür haben wir unser Leben nicht geschenkt bekommen.

Was ist Ihre Berufung

Manche gehen dafür zum Berufsberater, um dies herauszufinden. Nun denn, auch eine Möglichkeit, das ist aber nicht optimal. Also heißt das, Sie müssen sich selbst auf den Weg machen. Es liegt ausschließlich an Ihnen, Ihren Weg und Ihre Berufung zu finden. Wenn Sie in Ihrer absoluten Berufung leben, leben Sie im totalen Wohlbefinden, in der Leichtigkeit des Seins. Was gibt es Schöneres, als hier zu sein? Eine größere Erfüllung kann es nicht geben.

Was erwarten Sie von Ihrem Leben

„Glück, Zufriedenheit, finanzielle Unabhängigkeit" ist oft die Antwort. Diese drei Dinge treten dann in Ihr Leben, wenn Sie es endlich so leben, wie es zu Ihnen gehört und passt.

„Ohne WENN und ABER!"

Das ist kein Geschenk des Himmels, es will jeden Tag neu erarbeitet sein. Warten Sie nie darauf, dass Dinge ohne Ihr direktes Zutun geschehen, da können Sie ewig warten. Das ist schade, denn dabei verlieren Sie kostbare Tage, an denen Sie viel bewegen können. Sich Stück für Stück Ihrer Erfüllung nähern, um endlich glücklich zu sein.

Was sind Sie bereit, dafür zu geben

„Alles" höre ich auf diese Frage, das geht leicht über die Lippen.

Wenn es aber wirklich darauf ankommt, stellt sich heraus, dass fast alle Menschen gerne viel hätten. In Anbetracht, dass dies mit unendlicher Arbeit verbunden ist, wird es um etliches weniger. Das ist schade, dass die Menschen mit solch einer verqueren Einstellung durchs Leben gehen. Das ist absurd und vor allem nicht intelligent. Sie bezahlen für alles einen Preis. Frage ist, sind Sie bereit dafür geradezustehen?

Wie soll Ihr Leben aussehen

„Schön halt“ diese Aussage ist wunderbar. Wo fängt für Sie schön an und wo hört es auf? Was benötigen Sie alles, dass es für Sie schön ist? „Wenig, ich bin eigentlich ein glücklicher Mensch!“ Schön, und uneigentlich, was ist da? Wie schaut es tatsächlich in Ihrem Inneren aus? Auch hier ist es ganz wichtig, dass Sie immer ehrlich zu sich stehen und die Fragen entsprechend beantworten. Sich selbst zu belügen ist das Schlimmste, was man als Mensch überhaupt nur machen kann.

Was wünschen Sie sich

Seien Sie bitte ehrlich und schreiben alles auf, auch wenn Sie das Gefühl haben sollten, dass manches nach Ihrem jetzigen Wissensstand übertrieben ist. Das ist nicht die Frage, es geht ausschließlich darum, endlich zu sich zu stehen und die Dinge festzuhalten. Wenn nicht jetzt, wann dann bitte? Das Leben ist unendlich kostbar und im gleichen Atemzug schnell vergänglich. Heute da und morgen bereits tot. Bitte notieren Sie unverzüglich die Dinge. Verschieben Sie nichts auf morgen, denn „Verschieberitis“ ist eine schlimme Krankheit. Lesen Sie hierzu mein Buch „Hast du auch diese schlimme Krankheit Verschieberitis!“

1.) ______________________________

2.) ______________________________

3.) ______________________________

4.) ______________________________

5.) ______________________________

6.) ______________________________

7.) ______________________________

8.) ______________________________

9.) ______________________________

10.) ______________________________

Ihr Fazit: ______________________________

Wie geht es Ihnen? Ein schönes Gefühl muss Sie beseelen und tragen. Sie sind ein Gewinner und dieser erledigt die kleinsten Dinge sofort. Denn er weiß, wer diese nicht erledigt, wird nie an Großes herangeführt, kann es nicht packen und bewältigen.

Ihr IST-Zustand

Wie geht es Ihnen im Moment? Sind Sie im Lot, voller Glück und Zufriedenheit? Oder genau das Gegenteil davon? Diese Fragen können Sie nur für sich beantworten. Hier bitte ich Sie, total ehrlich zu sein. Denn es ergibt wahrhaftig keinen Sinn, sich etwas vorzumachen. Ich bin erschüttert, wie viele Menschen sich belügen, das darf nicht sein. So mit sich umzugehen, wo man sich doch ein Leben lang hat, dies sollten Sie nie tun. Stehen Sie zu sich, Sie müssen keinen Parcour laufen und sich etwas vormachen, was leider im Moment noch nicht ist. Schreiben Sie sofort Ihren kompletten IST-Zustand auf.

1.) ______________________________

2.) ______________________________

3.) ______________________________

4.) ____

5.) ____

6.) ____

7.) ____

8.) ____

9.) ____

10.) ____

Wie fühlt es sich nach dieser Findung für Sie an? Sicherlich ist es nicht leicht, sich intensiv mit dem eigenen Leben zu befassen. Es ist einfacher, sich mit tausend anderen Dingen, des Lebens abzugeben. Einer neuen Waschmaschine, einem Kleid, einem Auto oder Sonstigem, wird sich intensiv gewidmet. Anstatt um das Wertvollste, was wir überhaupt nur haben können, unser Leben. Jetzt geben Sie nicht gleich auf! Wir werden üben, üben, üben und nochmals üben. Sie werden hineinwachsen und es wird zur absoluten Selbstverständlichkeit werden.

Ihr Fazit: ____

Ihr SOLL-Zustand

Wie sollte er sein, das ist die Frage? Wie er ist, haben wir analysiert. Oft liegt eine riesige Differenz dazwischen. Das, was wir haben, wissen wir. Ob es das ist, was wir wirklich wollen, oft schwer zu sagen. Lassen Sie uns alles von A bis Z anschauen. Wie sollte es sein, hätten Sie es gerne? Weder vom Geld, vom Alter oder Sonstigem. Das ergibt in dieser Phase keinen Sinn. Viel Spaß beim Ausfüllen und das Ganze bitte sofort und nicht morgen.

1.) ______________________________

2.) ______________________________

3.) ______________________________

4.) ______________________________

5.) ______________________________

6.) ______________________________

7.) ______________________________

8.) ______________________________

9.) ______________________________

10.) ______________________________

Was für ein Gefühl spüren Sie in sich, wo Sie diese Arbeit erledigt haben? Geht es Ihnen gut, sind Sie glücklich und zufrieden? Was denken Sie, wenn Sie die Positionen anschauen? Sind Sie traurig, was alles hätte schon sein können, wenn.........?

Ihr Fazit: ______________________________

Wieso gibt es eine Differenz

Als ich das erste Mal, vor Jahren diese Aufgabe gemacht habe, ging es mir überhaupt nicht gut. Ich wusste, dass mir noch das eine oder andere fehlt. Dass es so viele Dinge waren, hat mich erschüttert. Schade konnte ich da nur sagen, dass ich getrödelt habe. Ich war nämlich ein großer Spezialist, etliche Menschen zu fragen, wie sie meine Ideen finden. Dadurch erhielt ich jede Menge

Eindrücke. Leider negativ gefärbt, dass ich es vorgezogen habe, die Aufgaben, die zu erledigen waren, auf später zu verschieben. Ich war einer der „Verschieberitis-Spezialisten!“ Halten Sie nachfolgend Ihre Differenzen fest.

1.) ____________________

2.) ____________________

3.) ____________________

4.) ____________________

5.) ____________________

6.) ____________________

7.) ____________________

8.) ____________________

9.) ____________________

10.) ____________________

Schon wieder frage ich Sie nach Ihrem Gefühl. Es ist wichtig, dass wir permanent unsere Gefühle mit einbeziehen. Zwischen Gefühl und Verstand besteht ein enger und reger Kontakt. Diese beiden sollten sich fließend austauschen. Das ist für uns schwierig geworden, alleine schon durch unsere westliche Welt. Fast das komplette Schulsystem ist linkshirnisch, das heißt, auf der Verstandesebene aufgebaut, da ist für Gefühle kaum Platz.

Ihr Fazit: ____________________

Glücks- und gewinnbringende Maxime

Woran hängt es, dass es so ist, wie es ist? Wir können jede Menge Schuldige suchen und würden auch mit Sicherheit etliche finden. Was nützt uns dies? Wir können aber für die Zukunft daraus lernen und das ist das Entscheidende. Nicht in die Vergangenheit zu schauen, sondern ausschließlich nach vorne in die Gegenwart. In der Gegenwart, die entsprechenden Entscheidungen zu treffen und diese mit Bravour umzusetzen. Notieren Sie alles, was Ihnen dazu einfällt und woran es mit hundertprozentiger Sicherheit liegen könnte. Bitte nicht lange nachdenken, der erste Gedanke ist immer der richtige, denn dieser kommt tief aus Ihrem Unterbewusstsein.

Bitte jetzt sofort umsetzen

Sie kennen es doch bereits, wenn man es nicht sofort macht, dann hat man schon im Vorfeld verloren. Zu verlieren, ist in der Tat eine unangenehme Situation und das sollte man sich lieber gleich schenken. Wieso sich unnötig quälen, mit solchen Verzögerungstaktiken?

1.) ______________________________

2.) ______________________________

3.) ______________________________

4.) ______________________________

5.) ______________________________

6.) ____

7.) ____

8.) ____

9.) ____

10.) ____

Ich gehe davon aus, dass Sie die Aufgabe erledigt haben. Ich weiß, es macht keinen Spaß. Auch ich zähle mich zu den Ungeduldigen, die dazu tendieren, schnell weiterzulesen, um dann zu glauben, die Aufgaben zu einem späteren Zeitpunkt zu erledigen. Daraus wird nichts, dieses Phänomen kennen Sie bestimmt. Sollten Sie es wirklich noch nicht gemacht haben, tun Sie es sofort. Es kostet einen kleinen Hauch an Überwindung, bringt jedoch viel, denn das Leben hat mit Systemen zu tun. Sie haben das Buch gekauft, damit sich einige Dinge ändern. Wir sind mitten im Erfolgssystem und da steht das Durchhaltevermögen an erster Stelle.

Ihr Fazit: ______________________________________

Wie oft haben Sie andere Personen in der Aufgabe erwähnt

Ich habe bereits kurz darüber geschrieben, dass wir gerne andere Menschen aufführen, die schuld sind. Sie haben es gelesen und ich bin mir ziemlich sicher, dass Sie in der Arbeit Ihrer Aufzählung, auch wieder einige Namen festgehalten haben. Streichen Sie das für die Zukunft. Es sind nicht die anderen, Sie sind es. Bei diesem Satz ernte ich häufig Bestürzung und Unmut. „Was soll ich machen, wenn der andere wirklich schuld ist?" Lesen Sie in einem der nächsten Kapitel, mehr zu diesem Thema. Oder Sie kaufen mein Buch „Höre endlich auf, den anderen die Schuld zu geben!"

Wie lange soll das noch so bleiben

„Das weiß ich doch nicht!“ „Wer weiß es dann, wenn nicht Sie?“ „Das weiß ich auch nicht!“ So werden die Gespräche geführt, das hat doch was, oder? Wenn nicht einmal der Lebensbesitzer es weiß, wo soll das hinführen? Das weiß natürlich auch niemand. Also bleibt noch die Möglichkeit, der absoluten Passivität und die Hoffnung, dass es nicht noch schlimmer werden wird. Darauf kann man wahrlich nicht sein Leben aufbauen. So bleibt Ihnen nur eines übrig, auf Ihr Leben zurückzublicken, niemals in die eigene Zukunft zu planen und es Wirklichkeit werden zu lassen. Schade, wenn man sein Leben dermaßen verplempert.

„Kommen Sie zu einer Entscheidung!“

„Ich werde es mir überlegen, lass es mir durch den Kopf gehen. Ich schaue es mir an, dann werden wir sehen.“ So oder ähnlich läuft es ab. Genauso eine Katastrophe, ohne eine feste Terminierung, wird es nichts. Es benötigt einen zeitlichen Faktor, sonst klappt es nicht und damit haben Sie sicherlich oft genug Erfahrung gesammelt. Legen Sie sich bitte fest, zu welchem Datum Sie die Dinge ändern.

Mein Datum: ________________________________

Wann legen Sie los? Heute, morgen, in einer Woche, in einem Jahr oder gar nicht? Frech? Nein, nur ehrlich. Bitte, es geht um Ihr Leben, um das Kostbarste, was Sie besitzen. Wenn Sie eine Veränderung implementieren möchten, gibt es nur einen Zeitpunkt

„JETZT SOFORT“

Genau in diesem Moment, keine einzige Sekunde später. „So schnell kann ich nicht!“ Das höre ich häufig, was soll denn das? Jeder kann, wenn er will. Das ist die Frage „Will ich wirklich, oder gehöre ich zu den Jammerern auf dieser Welt?“ Lesen Sie mein Buch „Höre endlich auf zu jammern!“

Möchten Sie ewig so weiterleben

Natürlich nicht, dann ändern Sie es, fangen Sie sofort an, eine Entscheidung und der erste Schritt. Leiten Sie die Maßnahme ein, denn wenn Sie nicht anfangen, wird es nichts. Das ist traurig, denn bis Sie sich eines Tages wieder erinnern, dass Sie etwas verändern wollten, sind Monate oder Jahre vergangen. Sie werden bei der Sache nicht jünger, Ihre Lebensuhr läuft ohne Ende.

Tragen Sie endlich Verantwortung

Tragen Sie die volle Verantwortung für Ihr eigenes Leben, es ist nie zu spät dazu. Warten Sie nicht auf Gegebenheiten, die eventuell passieren könnten oder kommen werden, um Sie unverzüglich in das Reich der Glücklichen zu katapultieren, das funktioniert nicht. Sie sind der Macher Ihres Lebens und das geht nur, wenn man sein Leben hundertprozentig in die eigenen Hände nimmt, ohne „Wenn und Aber."

Wieso sind Sie noch nicht weiter

Vielleicht finden Sie das frech und provokativ. Das macht nichts, denn ich will Sie aus der Reserve locken, dass Sie aufwachen und Ihr Leben endlich in die eigenen Hände nehmen. Vielleicht nervt Sie das Thema, dann treffen Sie eine klare Entscheidung. Entweder Sie machen das Ganze bis zum Ende mit, lesen weiter, füllen die dämlichen Fragen aus und werden sehen, was sich getan hat. Das ist eine Alternative und die Zweite, Sie werfen das Buch sofort in den Mülleimer. Dadurch haben Sie Ruhe und müssen sich nicht über das Buch, oder den unmöglichen Autor aufregen. Ich denke, das ist eine wunderbare Lösung, damit Sie Ihren Seelenfrieden halten, oder wieder finden. Eines dürfen Sie jedoch in Ihrem Leben nie wieder tun, sich quälen, dazu ist Ihr Leben zu kurz.

Einige provokative Fragen

Ich nehme an, Sie haben sich bereits entschieden. Bitte nicht halbschwanger, von wegen „Ich lese noch weiter, kann sein, dass es besser wird!" Nein, das ist schlecht. Ich habe schon etliche Bücher weggeworfen, weil Sie mir nicht gefallen haben, oder ich bemerkte, dass es mich anfängt zu nerven. Mein Leben ist zu wertvoll, um Dinge zu tun, an denen ich keine Freude habe. Wieso sollte ich mich quälen und meiner kostbaren Lebenszeit berauben?

Wie lange wollen Sie noch schlafen

Fragen Sie sich das ernsthaft. Wie lange wollen Sie noch weitertrödeln? „Ich schlafe überhaupt nicht, bin immer aktiv!" Das glaube ich Ihnen nicht. Es gibt in Ihrem Leben Momente, die Sie anderweitig nutzen könnten. Wenn ich an die meisten Leute denke, die ohne Ende TV schauen, ist das sinnvoll, für mich nicht? Im Gegenteil, ich finde es unglaublich, wie viel kostbare Lebenszeit durch diesen Konsum zerstört wird. Aber das muss jeder für sich entscheiden, womit er sein Leben verbringt, was ihm wichtig ist und was nicht. Schreiben Sie Ihr Vorhaben mit Datum auf und was Sie denken, streichen zu können.

1.) ______________________________

2.) ______________________________

3.) ______________________________

4.) ______________________________

5.) ______________________________

6.) ______________________________

7.) ______________________________

8.) ______________________________

9.) ______________________________

10.) ______________________________

Wie ist es für Sie, fühlen Sie sich gut? Oder ist es eher mit einer gewissen Lächerlichkeit verbunden? Bitte, wie immer die Arbeiten verrichten und dabei ehrlich zu sich sein. Wahrheit und Klarheit ist eine der wichtigsten Tugenden, des menschlichen Daseins.

Ihr Fazit: ______________________________

Auf was wollen Sie warten

Der nächste, dringliche Aspekt, warten ist gut, wenn vorher die Ursachen gesetzt wurden. Warten jedoch ohne Aussaat, ist leider töricht, denn ohne gesät zu haben, wird nichts wachsen. Es ist sinnvoller zu säen, aufzupassen, was man wirklich ernten möchte. Hier klafft es häufig auseinander. Man wünscht sich bestimmte Dinge und ist erstaunt, wenn es nicht mit den Wünschen korrespondiert. Also heißt es aufpassen. Schreiben Sie Ihre Punkte auf, bei denen Sie denken, dass es wichtig ist, zu warten.

1.) ______________________________

2.) ______________________________

3.) ______________________________

4.) ______________________________

5.) ______________________________

6.) ______________________________

7.) ______________________________

8.) ______________________________

9.) ______________________________

10.) ______________________________

Super, dass Sie sich die Zeit nehmen und intensiv über sich nachdenken. Es ist wichtig, sich mit seiner eigenen Person zu beschäftigen. Erfolgreiche sprechen von der stillen Stunde. Die Zeit, die Ihnen gehört, Sie intensiv über Ihr Leben reflektieren. Was war gut, sehr gut, herausragend und die Gegenseite davon, miserabel.

Ihr Fazit: ______________________________

Wer hindert Sie

Wer denken Sie, hindert Sie daran, mit Volldampf in Ihrem Leben voranzukommen und eine Meisterleistung zu vollbringen? Was sind die Störfaktoren auf Ihrem Weg? Es geht nicht nur um Erfolg, sondern um Ihr gesamtes Dasein, welches so sein sollte, dass Sie glücklich und zufrieden sind. Bedauerlicherweise sind es die wenigsten und das ist traurig. Denn unser Leben ist unendlich kurz. Wie schnell ist ein Tag, ein Monat oder ein Jahr vorbei?

1.) ____

2.) ____

3.) ____

4.) ____

5.) ____

6.) ____

7.) ____

8.) ____

9.) ____

10.) ____

Wenn Sie Ihre zehn Punkte anschauen, wie fühlen Sie sich? Ich gehe davon aus, dass Sie die volle Punktzahl erreichen. Oder gehören Sie zu den sogenannten Minimalisten? Das wäre nicht gut, denn wir Menschen benötigen Auswahl und Fülle. Mehr darüber im Kapitel „Sind Sie ein Minimalist oder ein Maximalist?“

Ihr Leben läuft und läuft

Eine feststehende Tatsache, die niemand verleugnen kann, ob er das wahrhaben möchte, oder nicht. Unsere Lebenszeit ist stark limitiert. Die Jahre vergehen und eines Tages heißt es, Abschied nehmen. Für die meisten zu plötzlich und unerwartet. Wie schön, wenn wir wenigstens zwischendurch sagen können „Ich habe voll und ganz gelebt, alle Lebensregister gezogen. Ich bin der glücklichste Mensch auf dieser Erde, habe viel bewegt. Mein Leben war ein Traum, weil ich die Dinge, die ich tun wollte, stets umgesetzt habe!“

Ihr Fazit: ____

Wer anderen die Schuld gibt, gibt ihnen die Macht

Wir Menschen haben gelernt, stets einen Schuldigen zu suchen und derer gibt es genug. Da muss man nicht lange suchen, aber diese überlieferte Nummer ist nicht besonders intelligent. Das wissen leider die wenigsten und bereiten sich durch diese Denk- und Lebensweise, viel Leid und Elend.

Fatal, was Sie da machen

Sie schaden sich selbst mit solch einem Verhalten. Folglich hüten Sie sich davor und stellen es heute noch ab. Bevor wir damit anfangen, notieren Sie bitte nochmals im Schnelldurchgang Ihre Schuldigen. Halten Sie jeden mit Namen und dem, was er gemacht hat fest. Dadurch können wir später besser damit arbeiten.

1.) ____

2.) ____

3.) ____

4.) ____

5.) ____

6.) ____

7.) ____

8.) ____

9.) ____

10.) ____

Seien Sie in Ihren Ausführungen großzügig. Wir bewegen uns ab sofort im maximalistischen Bereich, getreu dem Motto

„Sich regen, bringt Segen!“

Sich viel und stark regen, bringt mehr Segen! Was empfinden Sie, wenn Sie Ihre Aufzeichnungen sehen?

Ihr Fazit: ____

Wer sind diese Personen

Sind es immer die Gleichen? Stammen diese aus Ihrem näheren Umfeld? In welcher Beziehung stehen die Leute zu Ihnen? Wie emotional sind Sie mit ihnen verbunden?

1.) ____

2.) ____

3.) ____

4.) ____

5.) ____

Können Sie den berühmten, roten Faden erkennen? Es steckt wie in allem, was das Leben betrifft, ein System. Dieses gilt es zu erkennen und zu ändern.

Ihr Fazit: ____

Hüten Sie sich davor

Überhaupt noch jemandem die Schuld zu geben. In dem Moment geben Sie Ihrem Gegenüber, der Sie anscheinend quält oder hindert, sofort die Macht über Ihr Leben. Übernehmen Sie selbst die Verantwortung und sorgen dafür, dass Sie nie wieder solche Situationen zulassen. Sonst zeigen Sie die eigene Ohnmächtigkeit auf, dies ist nicht klug. Sie sollten sofort zu der Entscheidung gelangen, dass Sie dies nie wieder tun.

Tragen Sie für sich die Verantwortung

Viele Leute sagen es wortwörtlich „Was ich alles mitgemacht habe!“ Genau das ist das Thema „mitgemacht!“ Sie haben es freiwillig geduldet. Ich erlebe das häufig bei den Coachings. Nehmen wir als Beispiel, eine zerrüttete Ehe. Was wird da gehauen und gestochen. Der Partner auf das Übelste beschuldigt und beschimpft. Schlussendlich wird das Ganze vor Gericht ausgefochten. Unnötige Lebensenergie und Zeit werden mit diesem Verhalten vergeudet. Von den Kosten nicht zu reden. Darüber lesen Sie ausführlich in meinem brisanten Buch „Ein Millionär als Traumpartner!“

Leben Sie Ihr Leben

Leben Sie es wirklich. Wenn Sie merken, dass Ihnen das eine oder andere nicht gut tut, sagen Sie es und ziehen Ihre Konsequenzen daraus. Wie oft höre ich, dass sich die Leute über den blöden Chef und die Firma beklagen. Wenn das so schrecklich ist, gehe ich. Ich lasse mich nicht freiwillig quälen. „Man muss schließlich froh sein, wenn man in der heutigen Zeit überhaupt eine Arbeit hat!“ Das ist eine falsche Einstellung. Wenn Sie nämlich hervorragend in Ihrem Beruf sind, werden Sie eine andere Arbeit finden. Vielleicht hat es aber etwas mit Ihrer eigenen Einstellung zu tun.

Sie haben alle Möglichkeiten in sich vereint

Ich finde es traumhaft, mit welchen Fähigkeiten wir auf die Welt gekommen sind. Schrecklich und grausam, wie wenige wir davon leben. Das ist das Traurige und Tragische daran. Die wenigsten nutzen das riesige Potential, welches in ihnen steckt. Da wird wie eh und je lieber gejammert, das nützt Ihnen aber nichts. Im Gegenteil, es schadet Ihnen und ist eine bodenlose Frechheit Ihren Mitmenschen gegenüber.

Lesen Sie das Buch darüber

Wenn Sie das Thema interessiert und das sollte es unbedingt, lesen Sie mein Buch „Wer anderen die Schuld gibt, gibt ihnen die Macht über sein Leben!" Erschreckend, um nicht zu sagen fatal, in welch eine Abhängigkeit sich der Einzelne, mit diesem Verhalten begibt. Da sollten Sie gut auf sich aufpassen, dass Sie hier nicht hineingeraten. Der Weg aus der Abhängigkeit ist äußerst steinig.

Wieso geben Sie so schnell auf

Häufig denke ich, wir sind eine Nation der totalen Aufgeber. Bei der kleinsten Schwierigkeit, wird sofort die Flinte ins Korn geworfen. Bloß kein kompliziertes und schwieriges Leben. Die Menschen haben keine Geduld, keinen Plan, einfach ab und Tschüß. Welch ein komisches Verhalten, da an den Tag gelegt wird. Wo soll das hinführen? "Wer aufgibt, hat verloren!" Ich finde das schrecklich, zu den Verlierern zu gehören.

Was ist der Grund Ihres schnellen Aufgebens

Woher kommt es, dass Sie solch ein Verhalten an den Tag legen? Wer hat Ihnen das beigebracht, vorgelebt und wie weit kamen Sie bisher damit? Das ist das Schlimmste, denn jeder Gedanke, jede Tat hat die Eigenschaft, sich zu manifestieren. Wehe, Sie haben seltsame Programme in sich. Viele Menschen sind überrascht, über das, was sich tut. Sie können es nicht fassen und sind geschockt, dabei ist es selbst initiiert worden. Man erinnert sich aber oft nicht daran. Schreiben Sie die Punkte auf, von denen Sie glauben, sie würden auf dem schnellen Aufgeben basieren.

1.) ______________________________

2.) ______________________________

3.) ______________________________

4.) ______________________________

5.) ______________________________

6.) ______________________________

7.) ____

8.) ____

9.) ____

10.) ____

Haben Sie es erkennen können, woher es kommt? Den berühmten roten Faden zu finden, ist von großer Wichtigkeit, dieser führt uns schnell auf den Punkt. Lesen Sie darüber in meinem Buch „Wer aufgibt, hat verloren!"

Ihr Fazit: ____

Wie oft wollen Sie das noch fortführen

Wie oft wollen Sie sich dieses Programm noch geben? Sie können jederzeit damit aufhören. Kein Mensch zwingt Sie dazu, ewig so weiterzumachen. Es liegt in Ihrer Hand zu entscheiden, dass es in Ihrem Sinne ist. Sie können im Moment eine Entscheidung treffen und sagen

„Mit mir nicht mehr!"

Oder Sie machen so weiter wie bisher. Auch das ist in Ordnung, denn es ist ja letztlich „nur" Ihr Leben! Mit diesem können Sie machen, was Sie wollen.

Die „never ending story"

Kennen Sie das auch, diese nie aufhörende Geschichte? Ich finde es fatal, wie viele mit ihrem kostbaren Leben umgehen. Traurig, dass man nicht mehr aus seinen mitbekommenen Fähigkeiten macht. Ich denke, dafür haben wir unser kostbares Leben nicht erhalten, um derart mit den wertvollen Ressourcen umzugehen.

Setzen Sie dem Spuk ein Ende

Wenn Sie es möchten, sind Sie auch in der Lage dazu. Viele glauben, dass es außerhalb ihres Wirkungskreises liegt, überhaupt Einfluss nehmen zu können. Anerzogen und selbst weiter dazu beigetragen, dass es sich entsprechend manifestiert, finden wir uns genau in diesem Dilemma. Das ist traurig, wenn das Leben an einem vorbeizieht und man rückblickend sagen darf, das war es jetzt. Soweit sollte man es niemals kommen lassen.

Wer aufgibt, hat verloren

Prägen Sie sich diesen Satz tief ein. Auch wenn es jetzt tausend Gründe gibt, um die Aussage zu entkräften. Wie oft höre ich „Bei mir ist alles anders. Aber, aber, aber!" Zu gerne hört man auf diese Propheten. Es ist auch am Anfang leichter aufzugeben, anstatt sich anzustrengen und neue Wege zu beschreiten. Im Nachhinein ist der Preis jedoch immens hoch, der dafür bezahlt werden muss. Schreiben Sie zehn Mal den Satz

„Wer aufgibt, hat verloren!"

____

____

____

____

____

____

____

____

Kamen Sie sich dabei komisch vor? Wenn ja, ist das nicht weiters tragisch. Wenn Sie sich gut vorkamen, ist dies genauso in Ordnung. Es geht eindeutig um die Tatsache, wenn Sie aufgeben, haben Sie tatsächlich verloren, für alle ewigen Zeiten. Möchten Sie das tatsächlich?

Wer permanent aufgibt, hat gänzlich verloren

Das ist nochmals eine Vertiefung, des vorherigen Kapitels. Das Wort „Aufgeben“ ist schrecklich und etliches Elend ließe sich dadurch vermeiden. Wichtig ist, dass Sie trainieren und nochmals trainieren. Solange bis es sich fest eingeprägt hat, Sie gar nicht anders können, als dabei zu bleiben und dadurch gewonnen haben. Suchen Sie nicht nach Problemen, sondern permanent nach Lösungen.

Trainieren Sie sich das Aufgeben ab

Wie alles im Leben, besteht auch das Aufgeben aus einem dauerhaften Training. Je öfter wir manche Dinge durchführen, desto normaler wird es für unser Leben, somit auch das Aufgeben oder kein Durchhaltevermögen besitzen. Damit gelangt man aber nie auf die Gewinnerschiene. Man bleibt mit diesem Verhalten auf der Verliererseite, ob man das wahrhaben möchte oder nicht. Gewinner bleiben dabei.

Sieger kennen das Wort „Aufgeben“ nicht

Stellen Sie sich vor, Michael Schuhmacher hätte die Einstellung eines Verlierers gehabt. Nach dem Motto „Dann schauen wir einmal, ob der Wagen heute läuft. Mal sehen, was der Tag noch alles bringt. Hoffentlich sind die anderen nicht gut. Na ja, wenn ich nicht gewinne, macht nichts. Hauptsache, ich habe etwas Spaß gehabt, das ist das Wichtigste.“ Was denken Sie, wäre aus ihm, mit dieser Einstellung geworden?

Denken Sie an Ihre Ziele

„An was denn sonst“ ist die richtige Antwort. An was sollten Sie denken? Sie leben doch nicht vom Aufgeben. Kein Mensch lebt davon. Ich höre sie schon wieder, die großen Weltverbesserer, von wegen „Es kann nicht jeder, als Sieger durchs Leben gehen. Es gibt auch Verlierer!“ Entschuldigen Sie bitte, das hier ist ein Buch für Gewinner und Menschen, die ab sofort durchhalten. Die nie aufgeben, weil aufgeben nicht gut und lustig ist.

Für einen Gewinner gibt es nur den Sieg

Bei allem was ein Gewinner tut, denkt er permanent an den Sieg „Komme, was da wolle!“ Alle anderen erschrecken bereits bei der kleinsten Schwierigkeit und suchen sofort nach einer Möglichkeit, um sich von der Geschichte zu verabschieden. Das ist schade, denn wertvolle Ressourcen gehen dadurch kaputt. Der Menschheit ginge es insgesamt besser, wenn jeder diese Einstellung sich zu eigen machen würde. Wo ist das Ziel? Immer vorne und niemals hinten.

Gewinner schauen nicht zurück

Verlierer hingegen leben häufig in der Vergangenheit. Wenn sie jung sind, träumen diese von der glorreichen Zukunft, wie alles anders wird. Das ist hausgemachter Blödsinn, denn von alleine tut sich nichts. Weniger als nichts, wird sich verändern. Es Bedarf einer Ursache und folglich entsteht daraus eine Wirkung. Diese beiden Faktoren sind stets identisch. Vergleichbar mit einem Landwirt, der nur das ernten wird, was er gesät hat.

Sind Sie ein Minimalist oder ein Maximalist

Wenn Sie es machen, wie die meisten Leute, sind Sie in Gedanken natürlich ein Maximalist und in den Taten ein Minimalist. Nun denn, was glauben Sie, welche Ergebnisse Sie erzielen werden? Sie werden selbstverständlich den Erfolg Ihrer Taten haben, nicht mehr und nicht weniger. Darüber sind viele erschüttert, wieso es manchen Menschen gut geht, diese alles haben können und sie zu den Leidgeprüften gehören, denen alles entsagt ist. Ein hartes und ungerechtes Los, was hier zuteil wird. Dabei sind Sie der Ursprung allen Handelns und den daraus entstehenden, positiven Erfolgsergebnissen oder dem Gegenteil davon. Ein wenig halbschwanger durchs Leben zu gehen, führt zu solchen Ergebnissen. Und was ist halbschwanger, weder noch.

Was sind Sie

Ganz ehrlich, zu welcher Gruppe tendieren Sie? Wie immer geht es um Ihre absolute Ehrlichkeit. Nichts weglassen und eventuell beschönigen. Wahrheit und Klarheit sind angesagt. 98% der Bevölkerung bewegen sich im minimalistischen Bereich. Wenn Sie das nicht glauben, überprüfen Sie es selbst. Testen Sie, mit welchem Engagement sich die Leute bewegen.

Gehen Sie mit offenen Augen durchs Leben

Beim nächsten Mal überprüfen Sie genau, wie viel Energie ankommt. Ich bin erstaunt, dass für die meisten Menschen etliches eine unendliche Qual ist. Arbeit als notwendiges Übel, wegen des Geldes und das war es. Wie oft treffen Sie engagierte Menschen an, haben das Gefühl, dass jemand motiviert bei der Sache ist und eine große Meisterleistung vollbringt? Egal, in welchem Beruf Sie schauen, es sind leider zu wenige. Ein kleiner, geringer Bruchteil der Menschheit.

100% Leistung reichen nicht

Viele Leute erreichen nicht einmal das. Wenn ich manche anschaue, sind wir im Bereich von 50%. Das reicht nicht für eine Kundenbindung. Solange es kein Monopol ist, wie die Behörde, können wir jederzeit wechseln. Wir sind nicht dazu verpflichtet, weiterhin schlechte Dienste in Anspruch zu nehmen. Wer nicht will, hat gehabt, so einfach ist das. Wenn bei mir als Beispiel ein Lokal nicht gut ist, gehe ich wo anders hin. Das sollten Sie sich stets vor Augen führen. Der Wirt hat nur ein Lokal, Sie hingegen haben unzählige.

Also nutzen Sie die Bandbreite aus. Sie haben es nicht nötig, dass man mit Ihnen dermaßen umgeht. Entweder passt der angebotene Service, dann ist es wunderbar, oder Sie verabschieden sich. Mit der Behörde ist das leider eine andere Sache, die haben einen monopolistischen Habitus, dort können Sie nicht wegbleiben. Beschweren Sie sich beim Amtsleiter, oder bei der nächsthöheren Instanz. Wenn das nichts nützt, der Fall gravierender liegt, gehen Sie den Weg der Dienstaufsichtsbeschwerde. Da kommt in der Regel schnell Bewegung hinein.

10% Extra-Leistung gehören dazu

Wenn ich das auf meinen Seminaren erwähne, erhalte ich prompt zur Antwort „Sollen wir noch mehr arbeiten?" Super, solch eine Einstellung, genau das ist das Problem. Es geht überhaupt nicht um den Dienstleistungsgedanken, nur um das eigene Wohlbefinden. „Ich sehe das nicht ein, wenn die Kunden so blöd sind!" Auch das finde ich nett, Kunden sind blöd. Sehr gut, und was wäre ohne diese angeblich blöden Kunden? Von was lebt man dann? Auf diese Frage kommt ein lapidares „Das weiß ich doch nicht. Das werden wir sehen!" Für mich ist diese Einstellung absurd. Auch wenn sich jetzt der eine oder andere von Ihnen, liebe Leser, angesprochen fühlen sollte und damit nicht einverstanden ist. Wenn Sie keine Lust haben, suchen Sie sich eine Arbeit, die Ihnen Freude bereitet und in der Sie voll und ganz aufgehen. Wie lange wollen Sie sich noch quälen? Die Amerikaner sagen hierzu treffend „Go the extra mile!“

Plus Herzblut

Was nützt es, wenn jemand engagiert ist, jedoch jegliches Herzblut fehlt? Kennen Sie das auch? Jemand ist fachlich gut, sehr bemüht, jedoch ohne ein Lächeln. Fehlendes Herzblut, um daneben zu frösteln. Wenn Sie es mit Menschen zu tun haben, legen Sie bitte Ihr Herzblut mit hinein. Voller Lebensfreude gehen Sie an die Tat. Sie wissen, um was es geht, lieben Ihren Beruf über alles. Es geht Ihnen superleicht von der Hand, pure Lebensfreude.

Minimalismus bringt Minimalistisches hervor

Wer sich im Minimalismus bewegt und minimalistisch engagiert ist, darf nicht erstaunt sein, wenn die Ergebnisse minimalistisch sind. Es kommt nur das heraus, was Sie hineingegeben haben, niemals etwas anderes. Das heißt, wenn Sie mit Ihrem Leben unzufrieden sind, weil Sie das Gefühl haben, wie die meisten Menschen, dass Sie zu wenig erhalten, fragen Sie sich und überprüfen bitte, welchen Tatendrang Sie an den Tag legen. Darauf sagen mir viele „Ich arbeite wie ein Wilder, tue und mache, mir ist nichts zu viel. Ich bin dermaßen engagiert!“ Bei näherem Betrachten ist das eine subjektive Meinung, die nicht stimmt.

Das Umfeld färbt ab und wie

Sie kommen nach Hause, beschweren sich über die Kollegen, Kunden und den Chef. Was sagen Ihre Liebsten „Das hast du nicht nötig. Wehre dich, wer bist du denn? Die werden sich alle wundern, wenn du nicht mehr da bist“ und weiteres Gerede. Kennen Sie das, kommt Ihnen das bekannt vor? Bestimmt, nur was bringt es? Ich kann jedem empfehlen, wenn er unglücklich ist, sich dringend etwas Neues zu suchen und sich keine weitere Minute zu quälen. Das Problem, was ich jedoch schon oft dabei bemerkt habe, kaum sind die Menschen woanders, geht es von vorne los. Es ist krankhaft, immer bei den anderen zu suchen. Finden Sie für sich den optimalen Weg. Wo sind Sie glücklich und geht es Ihnen sehr gut? Natürlich ist es manchmal sinnvoll, zu wechseln. Bevor man das tut, ist es wichtig zu überlegen, was man will.

Wo wollen Sie hin

Genau das wissen viele Menschen nicht. Man hätte gerne, und es wäre nett. „Schauen wir mal!" Kennen Sie diesen klugen Spruch. Schauen wir mal, na klar können wir schauen, zwischenzeitlich sind wieder ein paar Tage oder Wochen vergangen. Schlimm? Nein, natürlich nicht, denn es ist ja „nur" Ihre Lebenszeit, die abläuft. Bei den Zielen werden wir uns intensiv, mit dieser Thematik beschäftigen und Ordnung schaffen.

Ihr Einsatz ist vom Ziel abhängig

Ihr Einsatz hängt stark von Ihren Zielen ab. Wenn Sie keine haben, glücklich sind, wie der Mann, der manchmal im Bad Dürkheimer Kurpark wohnt und sagt „Ich brauche nichts, mir geht es gut!" finde ich das wunderbar. Aber wie viele bewegen sich auf diesem Level des Glücklichseins? Ich kenne wenige davon, die meisten sind von früh bis spät am Jammern. Kennen Sie auch solche Leute? Nochmals „Es ist egal, was du machst, entscheidend ist, dass du glücklich und zufrieden bist!"

Maximalismus ist immer besser

Ich bin der Meinung, dass Maximalismus besser ist. Hier haben viele Angst, dass das Leben an ihnen vorbeizieht. „Ich will auch noch leben!" Schön, manch einer glaubt, wenn er mehr tut, dass er nicht über genügend Freizeit verfügt, das Gegenteil ist der Fall. Es gibt eine größere Zufriedenheit, daraus resultierend, dass man mehr geschafft und erreicht hat. Wir sind mit einem Potential an

Möglichkeiten auf die Erde gekommen. Bewegen uns jedoch, in einem immens kleinen Rahmen, dass es fast erschreckend ist.

Selektion zum Ziel oder weg von ihm

Viele wissen nicht genau, wo die Reise hingehen soll. Das ist eine schlechte Ausgangsbasis. In dem Moment, wo Sie wissen, wohin die Reise geht und was Ihre Ziele sind, haben Sie es wesentlich leichter. Lassen Sie diese Frage durch das Sieb Ihres Zieles laufen.

„Führt mich das zu meinem Ziel oder von meinem Ziel weg?“

Alles, was Sie dahin führt, tun Sie und was Sie weg führt, lassen Sie. Es ist in der Tat leicht und unkompliziert, dessen muss man sich bewusst sein.

Ihre Erfolgsformel

Sie möchten gerne Erfolg haben? Manche behaupten „Nicht unbedingt, oder nicht wirklich!“ Es wird gelogen und das finde ich per se schlimm. Wenn man sich selbst belügt, finde ich persönlich noch eine Nummer schlimmer. Nun denn, wenn Sie keinen Erfolg haben möchten, müssen Sie nicht weiterlesen, wozu denn auch. Ansonsten arbeiten Sie intensiv mit diesem Buch. Lesen Sie die Passagen immer wieder durch. In der stetigen Wiederholung liegt die Kraft. Wenn nicht jetzt, wann dann, ist die Frage? Die meisten Menschen nennen zwei schwere Krankheiten ihr eigen „Verschieberitis und mangelndes Durchhaltevermögen!“ Beides ist schlimm und führt nie und nimmer zum Ziel.

Z + P + T + K

Es gibt eine wunderbare Erfolgsformel, die Sie mit Sicherheit kennen und schon angewendet haben. Höchstwahrscheinlich aber wie die meisten Menschen, unbewusst und das ist traurig. Wenn wir etwas tun, bitte immer im vollen Bewusstsein. Ich muss wissen, was passiert. Die Zeit, in der ich alles dem Zufall überlasse, muss endgültig vorbei sein. Viele träumen vom Glück, sind jedoch nicht bereit, entsprechende Maßnahmen einzuleiten. Von nichts tut sich nichts, ob wir es wahrhaben wollen, oder nicht.

Ohne klare Strategie geht es nicht

Wenn Sie endlich wissen, was Sie explizit wollen, benötigen Sie unbedingt eine klare Strategie, die minutiös ausgearbeitet ist, damit Sie vorankommen. Das hat nichts mit Lust oder Unlust zu tun. Eine klare Strategie konsequent angewendet, führt zwangsläufig zum Erfolg. Das lässt sich überhaupt nicht verhindern und da müssen Sie hinkommen.

Z steht für Ziele

Das Wichtigste bei der Geschichte sind Ihre Ziele. Sie müssen genau wissen, was Sie wollen. Klar, konkret, messbar und unmissverständlich, sonst funktioniert das nie und nimmer. Hier haben die meisten ein großes Defizit. Sie möchten gerne viel, leider werden dabei die vier Parameter nicht beachtet. Wenn Sie dies nicht tun, haben Sie keine Chance, jemals die Dinge ins Laufen zu bringen. Schreiben Sie Ihre Ziele auf.

1.) ______________________________

2.) ______________________________

3.) ______________________________

4.) ______________________________

5.) ______________________________

6.) ______________________________

7.) ______________________________

8.) ______________________________

9.) ______________________________

10.) ______________________________

Wenn Sie Ihre Ziele anschauen, empfinden Sie ein Glücksgefühl? Haben Sie Ihre Ziele, nach den vier Parametern aufgeschrieben? Ihre Ziele sind klar, konkret, messbar und unmissverständlich?

Ihr Fazit: ______________________________

Sind Ihre Ziele klar, konkret, messbar und unmissverständlich

Das glaube ich Ihnen nicht ganz. Vielleicht fragen Sie sich jetzt, woher ich das weiß? Ich coache, trainiere und schule seit 35 Jahren Menschen, 25 Jahre davon als Erfolgscoach. Durch diese Arbeit weiß ich, dass die meisten Menschen Schwierigkeiten haben, Ziele überhaupt zu konkretisieren und diese auf Papier zu bringen. Bei dieser Arbeit sagen mir die Leute, dass das nicht einfach ist. Wenn Sie anfangen, die Dinge aufzuschreiben, kommt hinzu, dass die vier Parameter nicht eingehalten worden sind.

Möchten Sie glücklich, zufrieden, unabhängig und reich sein

Die meisten schreiben exakt diese Punkte auf. Hinzu kommt noch die Gesundheit. Nun denn, woher kommen diese Wünsche? Es ist in der Regel das Urbedürfnis der Menschen. Lassen Sie uns im Einzelnen die Punkte anschauen. Das ist spannend und Sie werden sich sofort erkennen.

Ich möchte glücklich sein

Wer möchte das nicht? Was ist Glück, wie komme ich zu Glück? Wie erreiche ich die Position, wirklich glücklich zu sein? Einige träumen vom großen Glück, sind aber nicht bereit, dafür etwas zu tun. Glück ist kein Geschenk des Himmels. Glück ist sozusagen das Abfallprodukt, welches übrig bleibt, wenn man Dinge tut, die einem Spaß und Freude bereiten. Wenn Sie sich wohlfühlen, total Zeit und Raum verlieren, haben Sie ein unvergessliches Glücksgefühl. Glück kommt jedoch niemals von alleine, man muss etwas dafür tun.

Ich möchte zufrieden sein

Hier verhält es sich genauso, wie mit dem Glück. Dieses „möchte ich" ist nicht klar, konkret, messbar und unmissverständlich. Hier heißt es glasklar, vorzugehen. Alles andere kann man vergessen. Wann sind Sie zufrieden? Wenn alles läuft und Sie im Lot sind? Dies bedingt einen aktiven Prozess.

Ich möchte unabhängig sein

Das ist ein toller Wunsch, unabhängig von was? Das ist leider ein Ding der Unmöglichkeit. Wir können nicht von allen Menschen unabhängig sein. Wir sind in ein Netzwerk eingebunden. Hier gilt es herauszufinden, wer mir gut tut, mich bereichert, wer mich unnötig Kraft und Lebensfreude kostet.

Ich möchte genügend Geld besitzen

Lassen Sie diese Aussage bewusst auf Ihrer Zunge zergehen. Genügend Geld, wie viel ist das? Genügend zu und von was? Wenn wir diesen Satz lesen, können wir einmal mehr sagen, alles was Sie sich wünschen, ob bewusst oder unbewusst, verwirklicht sich. Folglich, wie viel Geld haben Sie dann? Genügend und genügend heißt im Klartext, dass es nicht reicht. Sie möchten aber mehr besitzen, in einen anderen Bereich hineinkommen. Da müssen Sie Ihre Einstellung zum Geld ändern.

Ich möchte gesund sein

Ab wann denken Sie, sind Sie gesund? Ist das Fernbleiben von Krankheit bereits Gesundheit? Wohl kaum, das können Sie nur für sich definieren. Wann fühlen Sie sich gesund, wo geht es Ihnen gut, sind Sie im Lot? Wo haben Sie Power und Energie, ohne Ende? Der Wunsch gesund zu sein, reicht nicht aus, es zu sein und zu bleiben. Sie müssen selbst aktiv am Geschehen teilnehmen und alle Register ziehen, die dazu beitragen.

Zusammenfassung

Zusammenfassend kann gesagt werden, dass die Ziele minutiös bis ins kleinste Detail hinein, ausgearbeitet werden müssen, dann kann geplant werden. Alles andere lässt etliches offen und das ist nicht gut. Nehmen wir als Beispiel das Ziel, ein Haus zu bauen. Sie gehen zum Architekten und sagen ihm „Plane mir ein Haus!" Dann wird dieser sagen „Alles klar, kein Problem. In sechs Monaten ist es fertig!" Bestimmt nicht, zuerst müssen Sie sich äußern, wie groß Ihr Haus überhaupt werden soll und was es kosten darf. Die Zimmerplanung und noch weitere Details, danach kann gezielt geplant werden.

P steht für PLAN

Nachdem endlich feststeht, was Sie genau möchten, geht es an die Planung. Sie kennen sicherlich die schöne Aussage „Gut geplant, ist halb gewonnen!" Folglich halten wir uns an das Prinzip. Eines gibt es zu beachten, dass Sie zügig planen und unverzüglich loslegen. Denn je länger die Planung dauert, desto unwahrscheinlicher ist die Umsetzung. Hinzu kommt, dass man unzählige Menschen, um Ihre Meinung fragt. Das macht die Geschichte wesentlich komplizierter. Da viele mit einer negativen Lebenseinstellung unterwegs sind, ist die Gefahr riesig. Sie selbst unsicher, dann einige in Ihrem Umfeld, mit negativen Äußerungen und schon war es das. Schade, wenn Sie in diese Falle laufen.

T steht für Tun

Tun, tun und nochmals tun, genau dieses Prinzip beachten die wenigsten Menschen. Eine Idee fest im Kopf zu haben, eins, zwei Pläne zu schreiben, reicht niemals aus. Wie oft haben Sie in Ihrem Leben geplant und was haben Sie umgesetzt? Es ist immer wieder das gleiche Spiel. Wenn Sie nicht aufpassen, wiederholt sich das Ganze permanent.

K steht für Kontrolle

Die liebe Kontrolle, als ein Instrument, welches in der Regel meist vernachlässigt wird. Das ist töricht, denn ohne Kontrolle wissen Sie nie, wo Sie sich im Moment befinden. Wo eventuelle Schwachstellen vorhanden sind und wie Sie diese beheben können. Kontrolle ist so immens wichtig und spannend zugleich. Diese dürfen Sie niemals außer Acht lassen.

Aufgrund der Wichtigkeit werden die vier Punkte wiederholt

Diese Punkte sind sehr wichtig und hier werden viele Fehler begangen. Damit das möglichst vermieden wird, sehen wir uns die einzelnen Positionen nochmals explizit an. Nur, wenn es richtig verstanden wurde, besteht die Chance, durch das konsequente Umsetzen, zügig voranzukommen. Das wollen Sie doch mit hundertprozentiger Sicherheit auch.

Ihre Ziele

Oft wurde über die Ziele geschrieben, in alle Richtungen aufs Neue. Das Thema ist dermaßen brisant und elementar, wird aber von den wenigsten erkannt und umgesetzt. Das ist traurig, denn ohne vernünftige Zielsetzung, hat man keine Chance, etwas richtig zu ändern. Dadurch bleibt alles wie gehabt und der Frust, verbunden mit Unzufriedenheit, steigt. Das ist traurig, denn dies schadet Ihnen am meisten. Benötigen Sie das? Ich glaube nicht, denn es kostet wertvolle Lebensenergie und –substanz, die Sie für andere Dinge einsetzen können.

Ohne Ziele, keine Chance

Es ist fatal, da kommen die Menschen auf die Welt und starten voller Hoffnung und Tatendrang. Kinder sind voller Begeisterung, dann werden sie größer und das sogenannte Realistische hält Einzug. Träume werden begraben und die Hoffnung schwindet zusehends. Nirgendwo wird den jungen Menschen gezeigt, wie sie sich intensiv um ihre Ziele kümmern. In den Schulen wird jede Menge Stoff vermittelt, aber für solche elementaren Dinge ist keine Zeit vorgesehen. Die Eltern wissen in der Regel auch nicht um die Gegebenheiten. So vergeht ein Menschenleben, ohne das annähernd die Qualitäten, die in jedem schlummern, überhaupt zum Vorschein kommen.

Zielorientiertes Arbeiten

Das ist ein wichtiger Aspekt, nie mehr ziellos die Dinge anzugehen, sondern stets zielgerichtet, um dadurch schneller voranzukommen. Lassen Sie sich von niemandem beirren, es gibt Leute, die etwas anderes behaupten. Wie oft wird gesagt, dass es keinen Sinn ergibt, Ziele zu haben, denn es kommt eh anders, als man denkt. Welch ein Schwachsinn! Wer nicht einmal die Richtung kennt, wird nirgendwo ankommen. Sich dann wundern, dass die ganze Welt sich verändert und er selbst leider stehen geblieben ist.

Findung der eigenen Ziele

Die Findung ist ein großer Akt. Es steht bereits in der Bibel „Suchet und ihr werdet finden!“ Ich finde das sehr aussagekräftig. Das gibt uns die wunderbare Sicherheit, wenn wir uns auf den Weg machen, auch ankommen werden. Nehmen Sie sich dafür Zeit. Ich bin diesbezüglich häufig erstaunt, mit welchem Engagement viele Menschen für alle möglichen Dinge unterwegs sind. Männer kümmern sich über Wochen um ein neues Auto. Frauen um Kleider, Schmuck oder ein neues Schlafzimmer. Um das Wesentliche, das eigene Leben, damit wird sich nicht beschäftigt. Das ist tragisch, es geht um das Wertvollste, was wir erhalten haben, das eigene Leben. Dafür sollte ausreichend Zeit vorhanden sein.

Wichtige Arbeit

Die Ziele zu finden und festzuhalten, ist eine der dringlichsten Arbeiten, bevor es überhaupt losgeht. Wenn man nicht weiß, wohin die Reise gehen soll, braucht man keine Pläne zu entwickeln. Ebenso, wie überhaupt irgendein Engagement, an den Tag zu legen. Dadurch wird auch die Kontrolle völlig überflüssig, denn was wollen Sie überhaupt kontrollieren?

Ziele müssen klar, konkret, messbar, unmissverständlich sein

Wir wiederholen uns, denn es sind genau diese Komponenten, die darüber entscheiden, ob es zum Erfolg kommen kann, oder nicht. Alles nur eine Luftblase ist, oder substanziell, Ihr Leben hängt davon ab. Natürlich wird Ihre Lebenszeit so oder so vorbeigehen, ob Sie Ziele haben oder nicht. Ich finde es schade, wenn man die wunderbaren Eigenschaften, Qualitäten und Talente, die wir mitbekommen haben, vorbeiziehen lassen.

Das Ziel verloren, die Anstrengungen verdoppelt

Diese Aussage kennen Sie sicherlich. So geht es vielen Menschen, je schneller sie schaffen, desto mehr geraten sie aus der Puste. Es ist oft nur eine Frage der Zeit, bis ein Burnout, oder sonst eine der weniger lustigen Störungen auftreten, wie Herzinfarkt, Hirnschlag oder Tinnitus. Das alles ist kein Problem, wenn es uns selbst nicht trifft. Der Weg dorthin ist häufig gar nicht weit. Der trügerische Sicherheitsglaube „Mich wird es nicht treffen" auf diesen würde ich mich keinesfalls verlassen. Solange Sie im Lot sind, die Dinge tun, die Ihnen Freude und Spaß bereiten, liegen Sie richtig. Wenn Sie aber permanent gegen den eigenen, inneren Widerstand arbeiten, wird es problematisch. Hüten Sie sich unbedingt davor. Machen Sie sich auf den Weg, finden Sie den richtigen Pfad.

Wann sind Sie auf dem richtigen Weg

Immer dann, wenn es Ihnen gut geht, Sie sich wohlfühlen, es Ihnen leicht von der Hand geht, ein immenses Glücksgefühl verspüren. Manchmal dauert es ein wenig länger, bis Sie dort angelangt sind. Sie sollten es sich unbedingt zur Maxime machen, nie, aber wirklich niemals vorher aufzugeben. Bleiben Sie auf Ihrem Weg. Es wird der Moment kommen, in dem Sie dieses unglaubliche Glücksgefühl in sich spüren.

Ihre drei wichtigsten Ziele

Vorhin haben Sie schon einmal all Ihre Ziele aufgeschrieben. Gehen Sie diese bitte nochmals durch und finden Sie heraus, welche davon Ihre drei wichtigsten Ziele sind. Wo geht es Ihnen richtig gut? Wo blühen Sie auf, wo schlägt Ihr Herz höher? Was möchten Sie unbedingt erreichen, sein und haben? Notieren Sie Ihre drei wichtigsten Ziele.

1.) ____

2.) ____

3.) ____

Stellt sich ein Glücksgefühl ein? Geht es Ihnen super gut? Jetzt machen wir einen Gegentest, um zu sehen, ob es wirklich Ihre drei wichtigsten Ziele sind und Sie mit Herzblut bei der Sache.

Was ist, wenn Sie Ihre Ziele nicht erreichen

Wie geht es Ihnen dann? Ist es für Sie tragisch, oder spüren Sie ein Gefühl von Gleichgültigkeit? Bitte seien Sie ehrlich. Ehrlich zu sich selbst zu sein, ist eine der größten Tugenden. Natürlich sollte man immer ehrlich sein. Andere anzulügen und die Unwahrheit zu erzählen, ist nicht schön. Sich selbst aber genauso zu behandeln, ist eine reine Katastrophe. Notieren Sie nachfolgend Ihre Gefühle, was ist, wenn Sie Ihre drei Ziele nicht erreichen?

1.) ____

2.) ____

3.) ____

Bringt es Sie an den Abgrund? Ist es grausam und belastend, oder egal? Sollte das Letztere der Fall sein, sind das leider nicht Ihre wichtigsten Lebensziele. Dann lohnt es sich nicht, für diese sich zu engagieren. Dadurch landen Sie wieder in der Situation, des geringen Durchhaltevermögens. Wenn aber ja, herzlichen Glückwunsch. Im nächsten Kapitel tauchen wir eine Spur tiefer ein.

Ihr Lebenswerk

Sie erinnern sich an die Frage „Minimalismus oder Maximalismus?" Wenn Sie über Ihre Ziele reden, bewegen Sie sich voll im minimalistischen Bereich. Sprechen Sie jedoch über Ihr Lebenswerk, befinden Sie sich im Maximalismus. Wahnsinn, oder? Ein kleiner Unterschied, mit riesiger Wirkung. Es ist etwas anderes, ob Sie sich an die Erfüllung Ihrer Ziele machen, oder an Ihrem Lebenswerk arbeiten. Die Motivation und das Engagement sind intensiver.

Ihr Lebenswerk ist eine große Aufgabe

Allein schon der Name „Lebenswerk" hört sich an, wie Musik in den Ohren. Ein lebenslanges Werk, etwas Großartiges, wofür Sie sich engagieren. An diesem Werk arbeiten Sie ein Leben lang, um etwas Großes zu schaffen. Wofür es sich wahrhaftig lohnt, jeden morgen aufzustehen und voller Elan ans Werk zu gehen, ohne Ermüdungserscheinungen. Nichts wird zur Last, alles ist pure Freude und Leichtigkeit. Schwierigkeiten führen nicht ans Aufgeben, sondern sind Ansporn, erst recht weiterzumachen.

Schaffen Sie an einem großen Werk

Ich wünsche Ihnen von Herzen, dass Sie Ihr Lebenswerk finden und darin aufgehen. Inspiration und Motivation pur, was gibt es Schöneres? Wenn ich da die Menschen sehe, die sich Tag für Tag zur Arbeit quälen und unendlich froh sind, wenn der Abend oder noch besser das Wochenende eingeläutet wird, finde ich das fatal, dass man sich dermaßen quält. Wieso muss man sich das Leben so schwer machen?

Über Ihren Tod hinaus, das ist ein Lebenswerk

Die Kunst ist bei einem Lebenswerk, dass es über den Tod hinausgeht. Ein Werk zu schaffen, was Ihr Leben überdauert. Meistens sieht es folgendermaßen aus, es stirbt jemand, man ist traurig, denkt an denjenigen und einige Jahre später ist es so, als wäre er nie da gewesen. Wie wundervoll, wenn das Werk Jahrhunderte überdauert. Vielleicht denken Sie jetzt, was für ein Schwachsinn. Da kann ich Ihnen antworten, aus Ihrer Sicht haben Sie völlig recht. Wenn Sie das als Blödsinn abtun, gibt es keinen Sinn, sich damit zu beschäftigen. Wenn Sie es jedoch als eine wunderbare Inspiration sehen, tun Sie es und arbeiten Sie daran.

Wo sind Sie einzigartig

Wo sind Sie einmalig, was können Sie besonders gut? Worin sind Sie ein Meister? Wo sind Sie ein Experte? Beantworten Sie bitte diese Fragen, denn ein Lebenswerk muss etwas Besonderes sein. Sie müssen sich von der großen, breiten Masse abheben und stets den anderen Menschen einen hohen Nutzen bieten.

„Wenn Sie das tun, was alle anderen tun, sind Sie so viel wert, wie Sand in der Wüste!“

Dies sagte Brain Tracy, eine wunderschöne und inhaltliche Aussage. Schreiben Sie spontan alle Dinge auf, von denen Sie glauben, welche diese Parameter erfüllen können.

1.) ______________________________

2.) ______________________________

3.) ______________________________

4.) ______________________________

5.) ______________________________

6.) ______________________________

7.) ____

8.) ____

9.) ____

10.) ____

Schlägt Ihr Herz höher? Werden Sie nervös und können es kaum erwarten loszulegen? Oder beschleicht Sie die Angst, Gleichgültigkeit? Wie geht es Ihnen? Hören Sie genau in sich hinein. Ein Lebenswerk muss Sie beseelen und tragen, auf Erfüllung inspirieren.

Ihr Fazit: ___________________________________

Welches sind die drei Hauptpunkte, die Sie inspirieren

Wie gut, wenn Sie Ihre Aufgaben gewissenhaft erledigen, alle zehn Punkte ausgefüllt haben. Die meisten notieren ein bis zwei Punkte und sind enttäuscht, wenn man darauf nicht aufbauen kann. Also, ich gehe davon aus, dass Sie die zehn Punkte notiert haben. Daraus suchen Sie sich Ihre drei Favoriten aus, denn Sie können niemals in allen Disziplinen hervorragend sein.

1.) ____

2.) ____

3.) ____

Lesen Sie die Punkte nochmals durch. Was für ein Gefühl kommt in Ihnen auf? Sind Sie glücklich bei dem Gedanken? Können Sie sich vorstellen, dafür Durchhaltevermögen an den Tag zu legen?

Ihr Fazit: ___________________________________

Was ist Ihr Favorit

Viele Menschen tendieren leider dazu, sich völlig zu verzetteln, aber dadurch ist man in keiner Disziplin hervorragend. Es bleibt alles eine Farce, das ist traurig, dennoch wird es von der großen Masse so gehandhabt. Stellen Sie sich Michael Schuhmacher vor, er ist ein exzellenter Sportler, spielt gut Fußball, ist schnell auf dem Rad und auch beim Tennis ein Ass. Was wäre passiert, wenn er sich nicht fürs Autofahren entschieden hätte? Es gäbe nicht den größten Rennfahrer aller Zeiten. Es geht um das Prinzip. Ich wünsche mir, dass Sie das verstehen.

„Konzentration auf das Wesentliche!“

Auf einen Punkt und daran halten Sie fest. Schreiben Sie bitte Ihren Favoriten auf.

Mein Favorit: ______________________________

Wieso ist das Ihr Favorit

1.) ______________________________

2.) ______________________________

3.) ______________________________

4.) ______________________________

5.) ______________________________

6.) ______________________________

7.) ______________________________

8.) ______________________________

9.) ____

10.) ____

Bitte zehn Punkte aufführen, wieso das Ihr Favorit ist. Was Ihnen dabei gut tut, Sie inspiriert, beflügelt, beseelt und Sie alleine in Gedanken daran glücklich macht.

Ihr Fazit: ____

Wofür lohnt es sich, ein Leben lang daran zu arbeiten

Die Belohnung, die Sie erhalten, wenn Sie die richtigen Dinge tun, ist das nicht wunderbar? Wissen Sie, was das Endprinzip daraus ist? Ihnen geht es sehr gut, Sie sind unendlich glücklich und zufrieden. Dazu haben Sie noch ein gutes, finanzielles Polster. Also, optimal und wenn Sie dabei bedenken, wie vielen Menschen Sie damit Gutes tun, denen Sie helfen, dass diese schöner, ruhiger, glücklicher leben, um nur einige Attribute zu nennen. Sie sind wahrhaftig auf der ganzen Linie ein Sieger und Macher, von dem man ewig sprechen wird.

Ich schaffe das nicht alleine

Wenn Sie die einzelnen Punkte nicht herausgefunden haben, ist das nicht weiters tragisch, denn es ist eine Übungssache. Ich erlebe es häufig, dass gut 90% damit nicht klarkommen. Sie holen sich professionelle Hilfe. Es ist zu wichtig, um es vor sich hinplätschern zu lassen. Es geht um nichts Geringeres, als Ihr Leben. Dieses sollte für Sie das Kostbarste sein, Sie haben es nur ein einziges Mal.

Das ist keine Schande

Stärke ist, zu sich zu stehen und nach Lösungen zu suchen. Leider gibt es etliche, die zu stolz sind. Da frage ich mich, auf was denn? Zu stolz, zu sich zu stehen und in diesem Falle zu sagen „Ich kann das leider nicht!" Das ist der erste, wichtige Schritt. Dann folgen die nächsten Schritte. Wenn das Manko erkannt ist, geht es sofort an die Lösung. Wenn nicht, bleibt alles wie gehabt. Folglich stehen Sie endlich zu sich und arbeiten Sie stets lösungsorientiert.

Lieber ehrlich sein

Lieber einmal mehr sich selbst gegenüber ehrlich sein, als eines Tages darunter leiden, dass man es ignoriert hat. Was danach folgt, ist wesentlich schlimmer. Lieber fünf Minuten Schwäche und danach stark durch die Änderung, als ein Leben lang damit zu leben. Wahrheit und Klarheit sollte sowieso ein großes Thema für uns Menschen sein.

Holen Sie sich Hilfe

Hilfe holen, ist der schnellste und eleganteste Weg. Hier sprechen wir von kompetenter Hilfe durch einen Profi. Hundertprozentig nicht durch die eigene Familie, die Nachbarn oder Freunde, außer diese bewegen sich bereits in diesen Bereichen. Dann ist es eine andere Geschichte. Wer sich selbst an und mitten in seinem Lebenswerk befindet, hat auch eine Ahnung davon. Alle anderen können es nicht wissen und deshalb sollte man sich vor solchen Menschen hüten. Gehen Sie zum Vollprofi, auch wenn es manchmal ein wenig kostet, es ist aber sicher angelegtes Geld. Das ist die Investition in sich selbst und da sollte einem nichts zu teuer sein.

Erfolgreiche holen sich immer Hilfe

Erfolgreiche haben eines erkannt, dass das Leben rasend schnell vorbei zieht. Jede Minute wertvoll ist, es diese gezielt zu nutzen gilt. Otto Normalbürger wartet auf den großen Moment, ein Ereignis, dass sich etwas Besonderes tun wird. Aber von alleine hat sich noch nie etwas bewegt. Das ist ein großer Trugschluss, dies anzunehmen, die Enttäuschung danach ist bitter.

Erkenne dich selbst

Gilt als größte Aufgabe für uns Menschen. Erst wenn wir uns erkennen, haben wir die Chance, das uns eigene und gewünschte Leben zu leben, ohne Wenn und Aber. Viele kommen leider nie in den Genuss, weil Sie sich um tausend andere Dinge kümmern. Stets scheint etwas anderes wichtiger zu sein. Die Manipulationen an allen Ecken und Enden reißen nicht ab, solange man sich nicht dagegen schützt. Wenn Sie das Thema interessiert, kaufen Sie sich das Buch „Ein Millionär als Traumpartner!“ In diesem Buch lernen Sie, wer Sie für seine ureigensten Interessen manipuliert.

Lassen Sie sich coachen

Lassen Sie sich coachen, tun Sie es. Wenn Sie zu Höchstleistungen auflaufen wollen, kommen Sie ohne Trainer nicht weit. Schauen Sie die ganzen Sportler an, hier hat jeder einen Trainer. Ein Coach dient zum Fördern und Fordern. Er hilft, die wichtigen Erkenntnisse zu finden und schnell umzusetzen, denn sonst bleibt es nur beim frommen Wünschlein, dass es schön wäre. Über die Eigenschaften eines Coaches, lesen Sie in einem der nächsten Kapitel.

Gemeinsam zur Lebenswerkfindung

Es ist ein Prozess, der für viele nahezu unüberwindbar scheint, oder es ist noch überhaupt nicht darüber nachgedacht worden. Das ist dem eigenen Leben gegenüber nicht gerecht. Arbeiten Sie daran, tun Sie es, auch wenn Ihre lieben Mitmenschen vielleicht meinen, dass dies völliger Blödsinn wäre. Denken Sie an das schöne Sprichwort „Wer zuletzt lacht.........!“

Melden Sie sich an

Melden Sie sich beim großen Projekt, Ihrer Lebensfindung und Umsetzung an. Wenn Sie sich angemeldet haben, arbeiten Sie Tag für Tag an Ihrem Projekt, ohne einen Tag Pause, denn es ist ein neuer Abschnitt für Sie. Es ist die große Aufgabe, des sich daran Gewöhnens. Das ist am Anfang keine Selbstverständlichkeit und will trainiert werden. Eines Tages, im Schnitt nach ungefähr 200 Tagen, wird es für Sie sein, als hätte es nie etwas anderes gegeben.

Ihr Plan

Ich gehe davon aus, dass Sie Ihre Ziele haben, vielleicht eine große Lebensvision. Wenn nicht, sollten Sie diese Aufgaben zuerst lösen, bevor es weitergeht. Denn jetzt beschäftigen wir uns mit der wichtigen Umsetzung. Was nützen die schönsten Träume und Vorstellungen, wenn sie nicht Realität werden.

Auf den Friedhöfen liegen genug unerkannte Genies

Ist Ihnen das bewusst? Wohl kaum, denn die wenigsten Menschen beschäftigen sich intensiv damit. Auf den Friedhöfen liegen viele Menschen, die es leider zeit ihres Lebens versäumt haben, ihre Fähigkeiten auszuleben. Die funktioniert haben, Wünsche, Träume und Sehnsüchte hatten. Nun ist das Leben zu Ende. Ich kenne etliche aus meinem Bekanntenkreis, finde es tragisch und grausam, dass man alles mit ins Grab nimmt, ohne jemals angefangen zu haben. Passen Sie gut auf sich auf, und leben Sie unbedingt alle Ihre Fähigkeiten.

Ohne Plan, keine Chance

Ohne Plan werden Sie keine Chance haben. Denn sich auf das sogenannte Zufallsprinzip zu verlassen, ist leider zu wenig und darauf kann man nicht aufbauen. Der Plan ist stets die Grundlage, nach dem gehandelt wird. Stellen Sie sich einmal vor, Sie würden ein Haus ohne Plan bauen, welch ein Desaster. Nehmen Sie sich Zeit für eine Planung und fangen Sie unverzüglich an. Schreiben Sie auf, was die ersten Schritte sind, um zu Ihrem Hauptziel oder Ihrem Lebenswerk zu gelangen.

1.) ____

2.) ____

3.) ____

4.) ____

5.) ____

6.) ____

7.) ____

8.) ____

9.) ____

10.) ____

Haben Sie alles aufgeschrieben, was Ihnen eingefallen ist, oder verschieben Sie es wieder auf morgen. Bitte nein, fangen Sie nie wieder mit dem Spiel der „Verschieberitis“ an. Das ist übel und kostet Ihre kostbare Lebenszeit. Bitte tun Sie es sofort, nicht nachher oder morgen. Auch wenn Sie vielleicht denken, ich lese schnell weiter. Ich spreche aus eigener Erfahrung, war auch so ein Spezialist, der gerne ein wenig abkürzt, schneller vorankommen wollte und dem alles zu langsam ging. Mit welchem Ausgang? Vieles ist leider nichts geworden.

Ihr Fazit: ______________________________________

Nie aus dem Bauch heraus

Arbeiten Sie nie aus dem Bauch heraus. Ohne Planung gibt es keine klaren Strategien und das Ende von dieser Vorgehensweise ist hinlänglich bekannt. Sobald die ersten Schwierigkeiten auftauchen, liegt die Versuchung sehr nahe, sofort die Flinte ins Korn zu werfen, denn wieso sollte man sich unnötig quälen. Das gibt wahrlich keinen Sinn. Der Mensch tendiert eher dazu alles, was ihm unangenehm und schwierig ist, zu vermeiden und jeglichem Schmerz aus dem Weg zu gehen. Nur viel Spaß und Freude zu haben, wäre wahrlich zu schön, um wahr zu sein. Es ist ein altes Naturgesetz, dass da wo viel Sonne ist, es auch Schatten gibt. Das ist weiters nicht schlimm. Sie können gerne Ihr Bauchgefühl einsetzen, das ist sogar sehr wichtig. Aber dann kommt der Verstand hinzu und es geht sofort in die Schriftlichkeit.

Gut geplant ist halb gewonnen

Das kennen wir alle und setzen es dennoch kaum um. Wozu denn sich hinsetzen und planen, das ist für die meisten zu umständlich. Da wird lieber aus der Hüfte geschossen oder gewartet. Beides ist Unfug, der nicht weiterführt. Schließlich wollen Sie doch vorankommen, etwas bewegen und Erfolg haben. Folglich schnell hinsetzen und zügig planen. Bitte nicht in die Detailversessenheit abrutschen, das ist das andere Extrem.

Strategie erarbeiten

Klare Strategien führen schneller zum Erfolg. Je zügiger Sie loslegen, desto schneller sehen Sie, was von Erfolg gekrönt ist und wo dringend eine Änderung herbeizuführen ist. Siehe dazu den Abschnitt „Learning by Doing!“ Nehmen wir nochmals Michael Schuhmacher. Stellen Sie sich vor, er wäre ohne Strategien Rennen gefahren. „Keine Chance“ sagen Sie mit Sicherheit.

Zeitfaktor setzen

Bei allem, was Sie planen, setzen Sie sich bitte einen Zeitfaktor. Leider tendieren wir Menschen, ohne zeitliche Begrenzung, zum Überziehen, weil es keine Anhaltspunkte gibt. Das ist töricht, und wenn man dies schon weiß, kann man es einplanen. Ich erlebe das bei Erfolgscoachings mit Firmen oft. Da beklagen sich die Chefs über die lahmen Mitarbeiter. Bei genauerem Betrachten muss ich feststellen, dass die Aufträge mit folgendem Wortlaut vergeben werden „Mach mal!“ Genau das macht der Mitarbeiter, er macht mal. Ohne Zeitvorgabe wird es zur „Never Ending Story“ und diese gilt es zu vermeiden.

Welche Maßnahmen sind notwendig

Sie haben vorhin die ersten Schritte aufgeschrieben. Nun gehen wir in die Tiefe. Welche Maßnahmen sind erforderlich, damit ein gutes und schönes Werk daraus entstehen kann? Das Anfangen ist eine Geschichte, weiterzumachen und das entsprechende Durchhaltevermögen an den Tag zu legen, ist die nächste. Schreiben Sie alle Maßnahmen, mit dem zeitlichen Rahmen auf. Wann beginnen Sie und wann ist das Projekt abgeschlossen?

Maßnahmen	**Start**	**Ende**
______________________________	_____	_____
______________________________	_____	_____
______________________________	_____	_____
______________________________	_____	_____
______________________________	_____	_____
______________________________	_____	_____
______________________________	_____	_____
______________________________	_____	_____
______________________________	_____	_____
______________________________	_____	_____

Wie fühlen Sie sich im Augenblick, wo Sie bereits mehr gemacht haben, als gedacht? Spüren Sie einen Hauch Aufbruchstimmung, oder sind Sie demoralisiert? Das kann natürlich auch sein, denn viele stellen es sich zu leicht vor. Es gibt auch genügend dummes Gerede darüber. „Ach weißt du, man müsste etwas erfinden, dann hat man es gepackt!" Super, wenn das so einfach wäre. Oder du setzt dich bei Günther Jauch auf den Stuhl. Beantwortest ein paar Fragen, dann bist du Millionär. Ganz so easy ist das auch nicht. Egal, welches Gefühl Sie im Moment haben, ab sofort gilt es. Oder wollen Sie aussteigen? Bitte nein, sonst habe ich das Buch umsonst geschrieben.

Ihr Fazit: ____

Die ersten Schritte

Schreiben Sie bitte Ihre zehn Punkte in der Reihenfolge auf, dass die leichtesten Schritte, an erster Stelle stehen. Der schwierigste Prozess befindet sich an zehnter Stelle. Wieso, werden Sie sich fragen? Weil es enorm wichtig ist, dass Sie loslegen und nicht warten, denn man kann die Dinge auch zerplanen. Wenn etwas länger dauert, kommen Zweifel zum Vorschein und der Weg dahin, dass Sie bald aufgeben, ist nicht mehr weit.

Maßnahmen	**Start**	**Ende**
______________________________	_____	_____
______________________________	_____	_____
______________________________	_____	_____
______________________________	_____	_____
______________________________	_____	_____

____ _____ _____

____ _____ _____

____ _____ _____

____ _____ _____

____ _____ _____

Gehen Sie Ihre Ausarbeitung nochmals mental durch. Steht an erster Stelle wirklich die für Sie leichteste Aufgabe und an letzter, die schwierigste? Wenn ja, wunderbar, wenn nein, bitte unbedingt erneut überarbeiten.

Ihr Fazit: ____

Vergessen Sie Ihren Perfektionismus

Eine der schlimmsten Krankheiten ist der Perfektionismus. Leider sind wir in der Regel so erzogen worden. In den meisten Bereichen, in denen wir uns bewegen, ist das vollkommen unnötig. Viele Menschen warten solange, bis sie in dem Glauben sind, perfekt zu sein. Manche erleben genau das zeit ihres Lebens nie, weil Sie nicht anfangen. Aufgrund der hohen Ansprüche und weil noch etliches fehlt, kann man unmöglich beginnen.

Werfen Sie diese Einstellung sofort über Bord

Machen Sie sich unbedingt frei davon. Oder wollen Sie sich ein Leben lang, mit dieser schrägen Einstellung knechten? Sicherlich nicht, aber..................! Und dann kommen die beliebten „Ja, aber Geschichten." Lesen Sie darüber das Buch „Höre endlich auf mit deinen Ja-aber-Geschichten!" Die Frage ist, ob Sie wirklich wollen, dann fangen Sie endlich an.

Es ist nicht leicht

Was ist das für ein Unsinn? Wie kann man so etwas Negatives behaupten. Es ist nicht einfach, ist negativ eingefärbt. Vielmehr muss es heißen „Das habe ich zu wenig geübt, ist mir zurzeit nicht geläufig. Oder kein Problem, das bekomme ich in Griff. Ich fange gleich an und in wenigen Wochen ist es eine absolute Selbstverständlichkeit!" Na, wie hört sich das an? Doch tausend Mal besser, hier liegt Power und Souveränität darin.

Das ist lächerlich

„Ich kann doch nicht solchen Quatsch erzählen, wenn es so schwierig ist!" Natürlich können Sie machen und denken, was Sie schlussendlich wollen. Gegenfrage „Was haben Sie in Ihrem Leben mit dieser Einstellung erreicht? Alles, was Sie wollten, wovon Sie geträumt haben? Zählen Sie sich zu den Erfolgreichen, Glücklichen und Zufriedenen auf dieser Erde? Ist Geld für Sie kein Thema, weil Sie es im Überfluss besitzen?" „Natürlich nicht" ist fast immer die Botschaft. Das ist mir klar, denn sonst würde man dies nicht behaupten. Also wählen Sie, in welche Richtung Sie sich schlagen wollen. Sie haben die Wahl, Tag für Tag.

Passen Sie auf Ihre Denkweise auf

Genau da geht es los. In Ihrem Kopf wird entschieden, ob Sie zum Erfolg gelangen oder nicht. Das hat überhaupt nichts mit den äußeren Umständen zu tun. Lassen Sie sich nichts von anderen Leuten einreden. Unsere Kultur ist permanent auf der Suche nach irgendeinem Schuldigen, anstatt lösungsorientiert zu arbeiten. Es liegt an Ihnen, wirklich an Ihnen. Nehmen Sie es an und handeln ab sofort danach. Sie können nur noch gewinnen, den Rest hätten wir ja zur Genüge gehabt. Was haben Sie zu verlieren? Sehr viel, dass der Zugang in die Erfolgswelt Ihnen versagt bleibt, weil Sie nicht anfangen.

Wenn es einfach wäre, gäbe es nur Erfolgreiche

Kennen Sie diesen klugen Spruch? Ganz bestimmt, das nennt man das kollektive Bewusstsein, wieso etwas nicht sein kann und darf. Komisch, warum gibt es diese Unterschiede? Wieso gibt es Erfolgreiche, die ihr Leben führen und leben, sich alles leisten können und die Mehrzahl, welche auf der anderen Seite steht? Ganz einfach, weil die Erfolgreichen sich irgendwann gesagt haben, da muss es noch etwas geben. Das will ich unbedingt wissen und sich sofort auf den Weg gemacht haben. Ohne lange zu zaudern und zu zögern.

Wer nichts erbt oder reich heiratet, bleibt arm

Auch das ist eine wunderbare, selbst erfüllende Prophezeiung.

Sehr gefährlich und ungesund, solch eine Einstellung sein Eigen zu nennen. Verabschieden Sie sich zügig davon. Was denken Sie, was die Vorfahren der Erben gemacht haben? Die haben irgendwann angefangen, das ist alles. Auch Sie haben das Zeug in sich. Aber Sie lernen es sicherlich nicht von denen, die keine Kenntnis davon besitzen. Ebenso sollten Sie sich vor all den Neidern hüten, diese ziehen Sie herunter. Meinen es vermeintlich gut mit Ihnen, warnen Sie, weil Sie Ihnen Ihren Erfolg nicht gönnen.

Die 0-Stunden-Regel

Es ist eine uralte Erfolgsregel, welche leider die wenigsten beachten. Aus diesem Grunde gibt es für die meisten Menschen niemals den gewünschten Erfolg, weil sie sich im Wege stehen. Erfolg hat nichts mit Glück oder Zufall zu tun, wie manche gerne behaupten. Der Spruch „Ich habe halt Glück gehabt“ ist eine Farce und hat nichts mit der Realität zu tun. Er entspringt einer gewissen Oberflächlichkeit und Unehrlichkeit. Der Volksmund kennt nur die Glücksvariante, dabei ist Glück eine Folge, sozusagen das Abfallprodukt, der vorausgegangenen Taten. Erst wenn der Mensch die Dinge tut, die notwendig sind, in dem Wort „not - wendig“ ist das Wort „Not“ enthalten, welches aussagt, dass sie die Wende einleiten, wenn die Not vorhanden ist.

Von nichts kommt nichts

Eine uralte und wunderbare Geschichte. Leider glauben viele Menschen, dass von „Nichts“ viel kommt. Sie warten, träumen, quälen sich, leben in der Hoffnung, dass sich für sie endlich der Himmel des Reichtums, nach Möglichkeit ohne Arbeit, öffnen wird, dem ist leider nicht so. Um dahin zu gelangen, müssen Sie aktiv werden und alle Register ziehen. Alleine vom Wunsch, wird sich nichts tun. Genauso wenig, wie viele es praktizieren. Beten in dem Glauben, dass alles getan wird, was notwendig ist. Dies ist ein großer Irrtum.

Die meisten warten zu lange

Der Punkt ist, dass die meisten zu lange warten. Je länger Sie warten, desto geringer wird die Wahrscheinlichkeit, dass Sie überhaupt jemals starten. Das ist so, ob man dies wahrhaben möchte oder nicht. Warten, ohne anzufangen, führt ins Nichts. Es ist vergleichbar mit dem Landwirt, der im Frühjahr wartet, was er ernten kann, ohne gesät zu haben. Was glauben Sie wird passieren? Nichts, da nützt kein Hoffen und Beten.

Zweifel und Ängste steigen auf

Wenn Sie Ihr Leben ändern möchten, kommen Sie in eine neue Dimension hinein. Sie haben eine Idee, sind sich aber noch nicht sicher. Was machen Sie? So wie 99%, Sie fangen an, Ihre Familie, Bekannte und Freunde zu fragen, was diese von der Idee halten. Jetzt laufen Sie bereits in die erste Falle. Wie können Sie Menschen fragen, die davon keine Ahnung haben? Dies wird fast immer der Fall sein. Einige wenige Menschen wird es geben, die sehr erfolgreich sind, erreicht haben, was sie wollten. Sie fragen jedoch Leute, die von den Erfolgsmechanismen nichts wissen. Was werden Ihnen diese erzählen? In der Regel nichts Positives und Aufbauendes. Das hat mehrere Gründe, erstens haben sie keine Ahnung davon, zweitens sind sie neidisch und haben Angst. Sie könnten ja eventuell Erfolg haben.

Fragen Sie einen Vollprofi

Wenn Sie Leute aus den eigenen Reihen fragen, werden Sie klein gehalten. Was könnte sein, wenn Sie doch zum Erfolg gelangen würden? Welch schreckliche Situation! Dann würden Sie sich verändern und wären nicht mehr manipulierbar. Alles Dinge, die man als Gefragter möglichst nicht möchte. So werden Sie Äußerungen erhalten, von wegen „Komm lass das, es ist zu kompliziert. Stell dir vor, das und das passiert!" Was bringt es Ihnen? Genau das Gegenteil von dem, was Sie wollen.

Wenn Sie fragen, dann Menschen, die sehr erfolgreich sind

Nur ein Erfolgreicher kann Ihnen sagen, wie man zum Erfolg gelangt. Alle anderen können es überhaupt nicht wissen. Woher denn auch, wüssten Sie es, wären Sie selbst sehr erfolgreich. Jemand, der diesen Weg schon erfolgreich gegangen ist, kann Sie führen und leiten. Er nimmt Sie an der Hand und führt Sie zum gewünschten Erfolg. Ich erlebe das häufig bei meinem Erfolgscoachings. Wie wunderbar die Menschen sind und wie sie sich permanent im Wege stehen. Das ist traurig, denn sich selbst zu behindern, ist keine große Tugend. Nur, woher soll man das wissen? Ich kann Ihnen den guten Tipp geben, lassen Sie sich helfen. Durch die Hilfe wird Ihr Leben um ein Vielfaches schöner, reichhaltiger und lebenswerter, es erspart Ihnen Stress.

Wichtig ist die Geschwindigkeit, mit der Sie anfangen

Nicht warten, warten und nochmals warten. Das ist töricht und schädigt Sie unnötig. Was haben Sie davon, wenn Sie warten? Dadurch erreichen Sie nur eines, dass Ihre Unsicherheiten und die Ängste zunehmen. Ob das, was Sie vorhaben, wirklich richtig ist? Das Ende vom Lied ist hinlänglich bekannt. Zu den Ängsten gesellen sich Zweifel und die Entscheidung nicht anzufangen, ist ein Hauch entfernt. Dies ist einer der Hauptgründe, wieso viele Menschen nie anfangen und in der Warteposition verharren.

Beginnen Sie sofort

Das ist eine wichtige Regel und diese bringt unendlich viel. Wenn Sie eine Idee haben, denken Sie kurz darüber nach, überprüfen ob es zu Ihren Zielen oder zu Ihrem Lebenswerk passt. Wenn nein, lassen Sie es, ohne lange zu zögern. Wir tun immer wieder Dinge, die uns vom Wesentlichen abhalten. Dermaßen vorzugehen ist töricht, diese Zeit fehlt uns danach. Dies können wir uns nie mehr in unserm Leben leisten. Das klare Gebot der Stunde ist Schnelligkeit und nicht das Gegenteil davon. "Fangen Sie jetzt an!" In dem Moment, wo Sie die ersten Schritte getan haben, sind Sie ein riesiges Stück weitergekommen.

Warten ist verpönt

Auch wenn des Volkes liebste Aussage fast immer dies beinhaltet

„Schauen wir einmal“

Die Frage ist, wann sollen wir denn schauen? In diesem oder vielleicht lieber im nächsten Leben? Merken Sie was, das ist wahrlich ein Blödsinn, der völlig unhaltbar ist. Wenn alle Forscher und Erfinder auf dieser Erde nur geschaut hätten, nicht ins Handeln gekommen wären, gäbe es heute keine Computer, keinen Strom, kein Internet, keine Autos, keine Flugzeuge, keine Heizung und vieles mehr. Was für uns zur absoluten Selbstverständlichkeit geworden ist, unser Leben angenehm bereichert.

Ihr Tun

Nachdem Ihre Ziele erarbeitet sind, Sie vielleicht sogar Ihr großes Lebenswerk gefunden haben und bereits eine Planung vorliegt, geht es jetzt an die Umsetzung. Ich frage die Seminarteilnehmer bewusst, ob sie wissen, wie Erfolg buchstabiert wird. Darauf erhalte ich stets die Antwort „Ja natürlich, E r f o l g!“ „Falsch!“ Erfolg buchstabiert sich folgendermaßen

„T U N“

Das vergessen die meisten Leute. Viele geniale Menschen, mit großartigen Ideen, vergessen es zu tun. Genau das wollen wir abstellen, wenn Sie mitmachen. Vom Wunsch her bleibt alles beim Alten.

Hier wird es für viele schwierig

Das stellt sich für manchen schwierig dar, denn es entspricht genau dem Maximalismus. Das sind viele nicht gewöhnt. Es ist in der Tat zu anstrengend, ungewiss und natürlich zu unbequem, denn da muss man aus seiner Komfortzone heraustreten. Das mögen viele nicht. Es ist leichter darin zu verweilen, sich zu bemitleiden und bemitleiden lassen. Es gibt immer irgendwo einen kleinen Club der Zauderer und Jammerer. Wie schön, wenn man sich da zum gemeinsamen Klagen und Jammern zusammensetzen kann. Vergessen Sie beim Ausleben dieser Passion bitte nie, dass es Ihnen mehr schadet, als gut tut. Nun denn, Sie haben die Wahl.

Ohne Tun wird es nichts

„Das ist doch logisch“ höre ich darauf. Wenn es logisch ist, wieso tun Sie es nicht? Weil Sie ein Angsthase, Zauderer oder Besserwisser sind? Natürlich können wir noch weitere Punkte festhalten, wir würden genügend finden. Ich kann Ihnen nahe legen, verlassen Sie den alten Pfad für alle Zeiten. Auch die Leute, die Sie festhalten wollen und behindern. Wenden Sie sich Erfolgreichen zu. Sie kommen dadurch in eine andere Dimension hinein.

Tag und Nacht

Wenn Sie das Wort Tun richtig lesen, kommt dabei Tag und Nacht heraus. Schauen wir es uns gemeinsam an.

T ag
U nd
N acht

Da kommt Opposition auf. „Moment mal, am Tag ist es noch in Ordnung, aber nachts schlafe ich!" Richtig, das sollen Sie auch. Die Frage ist, was Ihr letzter Gedanke ist, bevor Sie abends ins Bett gehen? Denken Sie da an Ihre Probleme, Ihre Vision oder Ihr Lebenswerk? Das ist ein riesiger Unterschied. Lesen Sie mehr darüber im Kapitel „Werde Herr deiner Gedanken!"

Nicht unnötig Trödeln

Wenn Sie tun von unten nach oben lesen, lautet das Ganze „Nicht unnötig Trödeln!" Was dies zu bedeuten hat, haben wir in den vorausgegangenen Kapiteln bereits durchleuchtet. Denn wer wartet, hat verloren.

Auf was wollen Sie warten

Das ist meine berühmte Frage. Ich bin erstaunt, dass die Menschen immer warten. Die Frage lautet „Auf was denn?" Hier einige der Antworten „Auf einen günstigen, richtigen Moment. Ich spüre, wenn es soweit ist. Gut Ding braucht Weile, irgendwann ist es sicherlich soweit." Wenn Sie diese Aussagen betrachten, können Sie eines feststellen, es bringt alles nichts.

„Tun, tun, tun und nochmals tun!"

Das ist und bleibt die Devise von allen Gewinnern, und sie setzen es auch konsequent um.

Learning by Doing

Schnell Wissen aneignen, ist in unseren Breitengraden verpönt. Da heißt es Jahre lang lernen und nochmals lernen, um irgendwann zu starten. So ähnlich verhält es sich mit den Menschen, die eine Idee haben. Anstatt sofort loszulegen, wird lieber gewartet und versucht, vieles zu lernen, um irgendwann einmal zu starten. So lebt man in der Hoffnung, dass es ein Meisterwerk werden könnte.

Praxis ist durch nichts zu ersetzen

Eine altbekannte Weisheit, die Praxis ist durch nichts zu ersetzen. Da nützt die ganze Theorie nichts. Praktiker braucht das Land, Menschen, die zupacken und nicht lange philosophieren oder negieren, was viele gerne tun. Stürzen Sie sich in die Praxis, die Politik der kleinen Schritte ist gefragt. Viele warten lieber, um die große Nummer zu starten. Vergessen dabei aber völlig, dass die längste Reise mit dem ersten Schritt beginnt. Danach geht es ein Schritt nach dem anderen weiter.

Es gibt zu viele Theoretiker auf dem Markt

Ich bin oft erstaunt, wie viele Theoretiker sich auf dem Markt bewegen. Unglaublich, was sich da alles tummelt und wie viele davon behaupten, sie wissen haargenau, wie es geht. Solch ein Schwachsinn, woher soll ein Theoretiker wissen, was draußen auf dem Markt abgeht? Unser gesamtes Schulsystem ist auf dieser Basis aufgebaut. Ein Theoretiker nach dem anderen unterrichtet, bringt den Kindern, Jugendlichen und Studenten bei, wie es zu laufen hat, genauso die vielen Ausbildungsinstitute. Nachher gehen diese jungen Menschen ins Leben hinaus und warten auf den großen Durchbruch, der sich jedoch durch das Erlernte leider nicht einstellt. Wie schnell wird da die Flinte ins Korn geworfen und keiner erzählt etwas von Durchhaltevermögen.

Es ist grob fahrlässig, die Menschen im Unglauben zu lassen

Ich habe in meinem Leben schon manche Geschäftsgründer erlebt, die voller Begeisterung und Enthusiasmus ans Werk gehen. Sehr von ihrer Leistung und ihren Angeboten überzeugt sind. Dann kommt langsam aber sicher der Alltag und es läuft nicht, wie erwartet. Es geht schleppend voran, Kunden stehen nicht Schlange und die Ausgaben übersteigen die geringen Einnahmen. Die Schere klafft auseinander.

Hinzu kommen die ganzen Besserwisser mit ihren Sprüchen „Das habe ich dir aber gleich gesagt. Schuster bleib bei deinen Leisten. Das hast du jetzt davon!" Und weitere demotivierende Sprüche. Solche Menschen baden darin und freuen sich diebisch, Ihnen eins auszuwischen, häufig auch aus den eigenen Reihen. Ich bin oft erschüttert, auch die Eltern, Geschwister, Verwandte, Freunde sind nur Menschen, mit manchen dunklen Stellen.

Kaum einer sagt die Wahrheit

Das finde ich seltsam, das kaum einer erzählt, dass es im Schnitt mindestens 5 Jahre dauert, bis ein Geschäft oder eine Idee richtig greift, um davon leben zu können. Es hinterlässt den Anschein, als wäre alles einfach und schnell zu bewerkstelligen. Auch die vielen Existenzgründungs-Seminare gehen für meine Begriffe, nicht intensiv genug auf diese Positionen ein. Dazu gehört das eiserne Durchhaltevermögen, welches an den Tag gelegt werden muss. Ohne Durchhaltevermögen, keinen Erfolg.

Wir sind zu kopflastig

Das System ist zu kopflastig aufgebaut. Alles vom Kopf her zu managen, ist keine Garantie, Erfolg vorweisen zu können. Schade ist es insofern, als dadurch kostbare Lebenszeit verloren geht. Es wird leider zu wenig auf das Kostbarste, was ein Mensch hat, seine Lebenszeit, Rücksicht genommen. Das scheint überhaupt nicht zu interessieren. Ich wünsche Ihnen, dass Sie spontaner werden, Gas geben und die Dinge, die zu tun sind, mit Elan und Begeisterung umsetzen.

Es fehlt an Machern

Leider fehlt es an Machern, das heißt, Menschen die ihre Ärmel nach hinten krempeln und loslegen. Die weder nach rechts noch nach links schauen und einfach tun. Es ist die uraltbekannte Weisheit, die oft vernachlässigt wird. Das war schon immer so und wird so bleiben. Ich bewundere Menschen, die loslegen. Mut haben und wissen, dass derjenige, der nichts oder wenig tut, nichts oder nur wenig haben wird.

„Fülle kommt von Fülle!"

Folglich packen Sie es an. Dabei ist es eine große Hilfe, mit anderen Machern zusammen zu sein, sich mit diesen auszutauschen, gegenseitig zu inspirieren und zu bereichern. Genau das Gegenteil von dem, was die meisten tun, die sich gegenseitig behindern und das Leben schwer machen.

Vorsicht vor Besserwissern

Hüten Sie sich vor den Besserwissern, diese sind die schlimmsten. Wenn mir solche Menschen begegnen, drehe ich mich um und gehe. Ich habe keine Lust und vor allem keine Zeit, mich mit solchen Individuen abzugeben, die alles besser wissen. Aus Ihrer Sicht viel bewegt haben und über die Welt schimpfen. Diese Menschen erkennen Sie sofort an der Einleitung ihrer Gespräche: „Also, ich würde..........!"

Unglaublich, dass man diese Worte überhaupt in den Mund nimmt. Ich frage zurück „Wieso tust du es nicht?" Dann starten diese gleich mit der „Ja-Aber-Geschichte!" Alibi- und Opfergeschichten müssen herhalten. Ich kann Ihnen nur empfehlen, ignorieren Sie solche Menschen. Denn diejenigen, die wirklich viel in ihrem Leben bewegt haben, würden nie dermaßen vorgehen.

Wenn Sie diese Leute fragen, erhalten Sie eine vernünftige und fundierte Antwort.

Glauben Sie an sich

Glauben Sie fest an sich und wenn Ihre Mitmenschen eines Tages auch meinen „Du bist aber komisch geworden!“ Spätestens dann wissen Sie, dass Sie genau auf dem richtigen Weg sind. Ist das nicht traumhaft, anstatt sich davor zu fürchten oder sich unnötige Gedanken zu machen? Glauben Sie fest an sich und Ihre immensen Fähigkeiten. Greifen Sie an und lassen erst los, wenn Sie es gepackt haben. Gerne nehme ich das Beispiel eines Kampfhundes. Ich weiß nicht, ob Sie das schon erlebt haben, wenn solch ein Hund richtig fest zuschnappt?

Unglaublich kann ich Ihnen sagen. Angst machend, mit welch einer Verbissenheit zugebissen wird. Weder Schläge, Tränengas, schreien, zerren, ein Holzstock zwischen die Zähne geschoben, um den Kiefer aufzumachen, nützen etwas. Schrecklich und unheimlich diese Situation. Alles Negative hat aber auch einen positiven Aspekt, woraus wir lernen können. Wir müssen Zupacken, uns an unseren Zielen, unserem Lebenswerk festbeißen und niemals loslassen.

Dabei bleiben

Dabei bleiben bis zum Schluss. Das Wort „Aufgeben“ müssen Sie völlig aus Ihrem Vokabular streichen, das ist nicht existent. Wenn Sie mit Menschen zusammentreffen, die jammern und vom Aufgeben reden, sollten Sie sich unbedingt distanzieren, diese kosten Sie unnötig Kraft.

Ihre Kontrolle

Die nächste, wichtige Stufe ist die Kontrolle. Sie haben klare, konkrete, messbare und unmissverständliche Ziele oder ein Lebenswerk. Wunderbar, dann haben Sie angefangen zu planen, sofort losgelegt und nicht gewartet. Super! Soweit bringen es wenige Menschen. Spätestens bei der letzten Aufgabe, der Kontrolle, versagen fast alle, weil es teilweise lästig und unangenehm ist.

Ein wichtiger Akt

Jeder der vier Erfolgspunkte ist für sich ungeheuer wichtig. Erst in der Komposition dieser Punkte, gelangt man zum Großen. Wenn Sie einen Punkt vernachlässigen oder vergessen, klappt es nicht. Es ist vergleichbar mit dem Backen eines Kuchens. Sie haben eine Freundin besucht, ihren leckeren Kuchen probiert, der Ihnen geschmeckt hat. Sie erhalten das Rezept, gehen nach Hause, lassen eine Zutat weg und der Kuchen wird anders schmecken.

Die meisten vergessen die Kontrolle

Nahezu alle vergessen die wichtige Kontrolle. Viele Unglücke geschehen deswegen, weil der Mensch nicht kontrolliert, manchmal mit einem verheerenden Ausgang. Schlimmstenfalls sogar mit Toten. Das finde ich besonders tragisch, wenn aufgrund von solchen Vorfällen, Menschen ihr Leben lassen müssen. Bauen Sie die Kontrolle fest in Ihr Leben ein, diese gehört dazu. So wie Sie sich täglich, davon gehe ich zumindest aus, Ihre Zähne putzen, sich waschen und so weiter.

Ohne Kontrolle haben Sie keine Chance

Nichts wird sich dadurch entwickeln und Bestand haben. Ich gehe davon aus, dass Sie langfristig Erfolg haben möchten, sonst hätten Sie dieses Buch nicht erworben. Der Titel „Wieso hast du so wenig

Durchhaltevermögen" hat Sie angesprochen. Wie gelangt man da hin? In dem man eine feste Kontrolle einbaut, nichts dem Zufall überlässt.

Das gesamte Leben ist Kontrolle

Gestern Abend lief ich gemütlich durch die Stadt. Ich sah zwei komische Typen auf der Straße, in einer Kurve und im Übergang zum verkehrsberuhigten Bereich stehen. Ich dachte mir noch, was stehen die so komisch herum. Ich beobachtete sie und durfte feststellen, dass es sich um zwei Polizisten in Zivil handelte, die überprüften, ob die Leute in den Autos angeschnallt sind. Dann gaben sie es per Funk an ihre Kollegen weiter, die bereits um die Ecke standen. Na bravo, habe ich mir gedacht. Was ist das für eine komische Tour.

Ich verfolgte das Geschehen eine geraume Zeit. Sensationell, dass viele Autofahrer ohne Sicherheitsgurt fahren. Das ist grobfahrlässig, dachte ich mir. Die wissen anscheinend immer noch nicht, wie man aussieht, wenn man bei einem Aufprall durch die Scheibe fliegt. Also haben wir auch da eine Kontrolle. Diesmal von außen, denn der Schaden bei einem Unfall ist viel größer, als schnell den Gurt anzulegen.

Externe und interne Kontrolle

Wie eben erwähnt, um manche Kontrollen müssen wir uns nicht kümmern, das übernehmen andere für uns. Darüber können wir uns höchstens ärgern, wenn es uns erwischt hat und das nächste Mal besser machen. Kontrolle von außen, bedeutet Passivität. Kontrolle von innen, ist schon komplexer. Das heißt, es liegt an Ihnen alleine, sich zu kontrollieren, dass die Dinge laufen, wie es sich gehört.

Werde Herr deiner Gedanken

Das kann ich Ihnen sehr ans Herz legen. Lassen Sie niemals Ihre Gedanken Ping-Pong spielen, das bekommt Ihnen überhaupt nicht. Sorgen Sie dafür, dass Sie auf einem sehr hohen Level miteinander kommunizieren. Leider kommunizieren wir mit uns selbst auf niedrigem Niveau. Erschreckend, wie wir mit uns umspringen. Das würden wir von keinem anderen Menschen dulden. Sofort würden wir uns dagegen wehren, wütend, zornig werden und uns das verbieten. Respekt vor uns, scheint völlig fremd geworden zu sein.

Sage mir deine Gedanken und ich sage dir, wer du bist

Was haben Sie den lieben langen Tag für Gedanken? „Kommt darauf an!“ Das ist ein netter Spruch. Ja, auf was? Danach kommt folgender Wortschwall „Im Grunde genommen fühle ich mich gut, aber die anderen. Der und der......“ usw.! Schon wieder geben wir die Macht über unser Leben an andere Menschen. Entweder fühle ich mich gut und lebe das, oder ich lasse es.

Halbschwanger gibt es nicht

Das hat es noch nie gegeben und wird es auch in Zukunft nicht geben. Entweder sind Sie schwanger und in diesem Falle ein Mensch, mit einer positiven Einstellung oder Sie haben diese nicht. Schlimm? Nein, nur schade, denn es ist ja „nur“ Ihr Leben. Wie Sie das genau verbringen, darüber können Sie zum guten Glück selbst entscheiden. Ist das nicht wunderbar? Sie stehen jeden Morgen auf und können die Entscheidung treffen, entweder glücklich und positiv durchs Leben zu schreiten, oder das Gegenteil davon. Freie Wahl und dies jeden Tag, sogar stündlich und minütlich, in welchem Luxus wir doch leben können.

Schreiben Sie Ihre Gedanken auf

Bevor Sie aus der Hüfte herausschießen und sagen „Alles kein Problem für mich, das habe ich fest im Griff!" Schauen wir uns die Situation genauer an. Halten Sie jeden Ihrer Gedanken unbedingt schriftlich fest.

1.) ______________________________

2.) ______________________________

3.) ______________________________

4.) ______________________________

5.) ______________________________

6.) ______________________________

7.) ______________________________

8.) ______________________________

9.) ______________________________

10.) ______________________________

Wie ist Ihr Gefühl? Reicht der vorhandene Platz aus? Wenn nein, schreiben Sie am Buchrand weiter, halten Sie alles fest. Jetzt, wo Sie sicherlich das erste Mal so etwas schwarz auf weiß vor sich sehen, wie empfinden Sie? Ist es für Sie erbauend und inspirierend, oder eher erschütternd? Sagen Sie sich halb so schlimm?

Ihr Fazit: ______________________________

Wenn Sie es nochmals durchlesen, was überwiegt? Das Positive oder das Negative? Bei dieser Aufgabe nicht mit einem „Kommt darauf an" antworten, denn genau das tut es nicht. Es ist sehr wichtig, wessen Geistes Kind Sie sind und was in Ihrem Kopf abläuft. Wir Menschen lassen uns gerne, zu viele Optionen offen. Nun, zu verübeln ist es uns nicht, damit sind wir groß geworden. Unsere Eltern und all die anderen Erziehungsspezialisten haben es uns beigebracht. Als Kind kannten wir nur eines, um überhaupt zu überleben, absolute Anpassung. Das haben wir so viele Jahre gemacht, dass wir im Erwachsenenalter überhaupt nicht mehr wissen, dass wir von den üblen und unschönen Eigenschaften, bestückt sind.

Formulieren Sie alles positiv

Genau jetzt ist der Zeitpunkt gekommen, alles ins Positive zu formulieren. Von alleine geht das nicht, genauso wenig wie der Wunsch „Ich werde mich das nächste Mal nicht mehr ärgern!" Wie lange haben solche Vorsätze bisher gehalten? Genau solange, bis es wieder eingetreten ist. Schreiben Sie alles in positiven Formulierungen auf.

1.) ______________________________

2.) ______________________________

3.) ______________________________

4.) ______________________________

5.) ______________________________

6.) ______________________________

7.) ______________________________

8.) ____

9.) ____

10.) ____

War es leicht oder schwer? Für viele ist es schwer, weil Sie darin nichts Gutes erkennen können. Dabei ist das wichtig, denn ohne Positives geht die Welt unter und das wäre fatal. Solange es nur die Welt ist, mag es noch gehen. Da Sie auch ein Teil davon sind, sollten Sie gut aufpassen.

Ihr Fazit: ____

Gehen Sie lieb mit sich um

Mein Gott, Sie haben sich ein Leben lang. Da sollten Sie unbedingt Sorge tragen, dass Sie mit der eigenen Person klarkommen und einen liebevollen Umgang pflegen. Sich nie in irgendeiner Form beschimpfen oder ungeduldig sind. Gehen Sie mit sich, wie mit dem besten Freund um. Lassen Sie die gleiche Höflichkeit walten und innerhalb kürzester Zeit, wird dieser Umgang sich positiv auswirken. Sie haben mehr Spaß und Lebensfreude.

Sie werden wesentlich leistungsfähiger

Das ist das Faszinierende daran. In dem Moment, wo Sie das Negative weglassen, Platz für das Positive und Lebensbejahende schaffen, liegen Sie im Sog des Erfolges. Ein ernstes Wort zum positiven Denken reicht nicht aus, dass sich etwas ändert. Sie müssen selbst aktiv daran teilnehmen. Der erste, wichtige Grundschritt ist eindeutig, ab sofort auf einem hohen, lebensbejahenden Level mit sich umzugehen.

Das ist Blödsinn

Diesen Satz höre ich oft und antworte sofort „Sie haben aus Ihrer

Sicht völlig recht!“ Damit ist für mich die Angelegenheit beendet. Wieso sollte ich nun anfangen, zu diskutieren und womöglich irgendwelche Beweise antreten, weil es jemand anders sieht. Ich habe mir auf die Fahne geschrieben, obwohl ich sehr skeptisch, um nicht zu sagen sogar misstrauisch bin, das Ganze stets aus der neutralen Warte anzuhören. Das ist für mich der erste Schritt. Schritt zwei, ich gehe hin und teste es, gebe mir die Chance, die Dinge auszuprobieren. Von manchem war ich angenehm überrascht und da wo ich dachte, es wäre ideal, super enttäuscht.

Positiv und lebensbejahend gehen Sie Ihren Erfolgsweg

Lassen Sie sich von niemandem, in keiner Form beirren. Nicht einmal von sich selbst. Wenn Sie genau das tun, befinden Sie sich auf der richtigen Seite. Zeigen Sie Verständnis und stehen Sie über den Dingen. Souveränität ist gefragt, sich selbst und dem eigenen Leben gegenüber.

Führen Sie keine Grundsatzdiskussionen

Das ist mein Lieblingsthema, die Grundsatzdiskussionen. Lesen Sie dazu mein Buch „Führe nie wieder Grundsatzdiskussionen!“ Es gibt nur Verlierer auf der ganzen Linie und dazu möchten Sie sich sicherlich nicht zählen, oder? Außer Sie sind masochistisch veranlagt, dann ist es eine andere Geschichte, brauchen Sie dies natürlich. Aber das glaube ich nicht.

Wer hat recht

Kennen Sie das Spiel? Ganz bestimmt, sicherlich spielen Sie das auch häufiger. Mal fangen Sie an, mal lassen Sie sich dazu einladen. Meine Meinung „Wer sonst keine vernünftigen Aufgaben hat, benötigt solche Spiele!“ Ein wenig Cäsar spielen, das tun viele Menschen gerne. Komisch, dass in den Menschen das „Recht haben“ tief verankert ist.

Die Welt ist vielseitig

Die Welt ist Fülle und das, was wir erfassen können, ist ein kleiner Teil davon. So winzig klein, dass wir fast ein Elektronenmikroskop benötigen, um es zu erkennen. Da gehen einzelne Menschen hin und glauben das, was Sie denken, ist das Richtige. Woher das wohl rühren mag? Auf alle Fälle ist es keine kluge Tugend. Es gibt hundert Wege, die nach Rom führen, es ist völlig egal, welchen Sie nehmen. Hauptsache, Sie kommen zeit ihres Lebens an.

Hauen und Stechen ist übel

Wie viele Menschen Tag für Tag auf dieser Erde streiten, es ist unglaublich. Diese scheinen alle vergessen zu haben, dass unser Leben unendlich kurz ist. Wie kann man sich da bloß fürs Streiten begeistern. Wenn Sie ein Menschleben anschauen, welches, wenn alles gut geht, laut Statistischem Bundesamt in Wiesbaden, eine Lebenserwartung von 80 Jahren hat, scheint dies auf den ersten Blick unendlich viel zu sein. Wenn wir das aber auf den Tag herunterrechnen, sind das gerade 29.200 Tage. Wie fühlt es sich für Sie an? Als ich mich das erste Mal intensiv damit beschäftigt habe, bin ich darüber erschrocken. Ich konnte es fast nicht glauben, in Stunden bewegen wir uns bei 700.880 Stunden. Wenn Sie darüber Näheres wissen möchten, gehen Sie auf unsere Homepage unter www.lebens-checklisten.de. Dort ist ein Rechner installiert, mit diesem können Sie Ihre verbleibende Lebenszeit ausrechnen.

Frieden und Großmütigkeit ist angesagt

Tragen Sie Sorge, dass Sie Ihr Kriegsbeil, falls Sie noch eines schwingen, begraben. Seien Sie großzügig, Sie gewinnen dadurch am meisten. Ich bin immer wieder erschüttert, dass Grundsatzdiskussionen häufig vor Gericht ausgetragen werden. Schon traurig, dass wir es soweit gebracht haben und nicht mehr imstande sind, die Dinge selbst zu regeln. Wir kommen nicht klar, folglich ziehen wir vor Gericht. Vorher gehen wir natürlich zum Anwalt. Dessen Aufgabe sollte es sein, zu schlichten und einen Ausgleich zu suchen. Bei uns ist das aber so geregelt, dass das richtige Geld beim Streiten verdient wird, also nichts wie hin zum Schlachtfeld. Ich kenne das leider aus eigener Erfahrung. Ich durfte mich zu diesen Spezies zählen, die sich nichts bieten lassen. Der Schlachtruf lautete „Das habe ich nicht nötig, was glauben diese Leute, denen werde ich es zeigen!“ Kommt Ihnen das bekannt vor?

Ich bin oft in die Schlacht gezogen

Was ich selbst nicht erledigen konnte, wurde weiter delegiert. Ich durfte mich sicher wähnen, denn ich hatte ein paar Spezialisten von Anwälten an meiner Seite, die stets meinten „Herr Crameri, alles kein Problem, wir werden gewinnen!“ Bezüglich der Kostenfrage erwiderten sie „Kein Problem Herr Crameri, dies zahlt die

Gegenseite." Alles klar, ich in meinem Wut- und Siegestaumel, stürzte mich voll ins Abenteuer Gerichtsbarkeit. Was das an Zeit und Energie gefressen hat, stand in keiner Relation zu dem, was dabei herauskam. Akten zusammensuchen, Besprechungen mit dem Anwalt, lange Schriftsätze lesen.

Die Gegenschreiben, über die ich mich maßlos aufregte und mir den Schlaf raubten. Jetzt zeige ich es denen erst recht, dachte ich..........! Nächster ellenlanger Schriftsatz, Besprechungen, dann der erste Gerichtstermin. Mit hoch erhobenem Haupt bin ich mit meinem Anwalt erschienen. Dieser wird es richten, war meine felsenfeste Überzeugung. Da habe ich die tollsten Dinge erlebt, dass diese überhaupt nichts sagten oder klein beigegeben haben.

Mal gewonnen und auch verloren

Manche Schlacht habe ich gewonnen, wie unheimlich stolz war ich da. Manchmal habe ich verloren, welch ein Absturz. Welche Häme ich da auf mich nehmen musste. Ganz schlimm, dass die Gegenseite gewonnen hat. Wenn ich jedoch Bilanz ziehe, habe ich nur verloren. Es hat unendlich viel meiner kostbaren Lebenszeit gekostet, manch schlaflose Nacht bereitet und Ungewissheit. Ich weiß, wer immer gewonnen hat, meine Anwälte. Diese waren stets auf der Siegerseite.

Lassen Sie die Menschen in Frieden

Wenn es sich nicht um lebensbedrohliche, tragische oder sogar existenzgefährdende Angelegenheiten handelt, und das tut es wirklich in den seltensten Fällen, schenken Sie sich das Ganze. Wie sagt der Volksmund „Der Klügere, gibt nach!" Das habe ich für mich gelernt und bin damit sehr gut gefahren. So lasse ich jedem seine Meinung und lebe ruhiger.

Die Mehrzahl gibt zu früh auf

Das ist eines der großen Themen, bei der erstbesten Schwierigkeit werden sofort die Flügel gestreckt. Schrecklich, dass man so durchs Leben geht, keine Power besitzt und null Durchhaltevermögen. Überrascht ist, wenn sich nichts tut und der große Erfolg ausbleibt. Dann gibt man anderen die Schuld, anstatt selbst die Verantwortung dafür zu übernehmen. Wie handhaben Sie das? Ab welchem Zeitpunkt geben Sie auf? Schon nach kurzer Zeit? Wie groß ist Ihr Durchhaltevermögen? Gehören Sie zu den Gewinnern, die das sich Vorgenommene, bis zum Ende durchziehen? Oder gehören Sie zu den Verlierern? Ob Sie das Wort mögen oder eher nicht, Sie entscheiden und danach richten sich Ihre Ergebnisse.

Wie waren Ihre Vorbilder

Es hat stark mit Ihren Vorbildern zu tun, wie diese es gehandhabt haben. Hatten Sie Eltern, die alles durchgezogen haben, können Sie kaum anders agieren. Wenn Sie jedoch Eltern hatten, die meist am Jammern und Lamentieren waren, schnell die Flinte ins Korn geworfen haben, können Sie davon ausgehen, dass Sie dies auch tief verinnerlicht haben. Leider werden solche Dinge unterschätzt. Schreiben Sie auf, wie es sich bei Ihnen verhält.

1.) ______________________________

2.) ______________________________

3.) ______________________________

4.) ______________________________

5.) ______________________________

6.) ____

7.) ____

8.) ____

9.) ____

10.) ____

Was empfinden Sie? Ist es für Sie schlüssig, oder fehlen Ihnen einige Komponenten?

Ihr Fazit: ______________________________________

Was haben Sie daraus gelernt

Sie haben es schon einmal aufgeschrieben, das ist der erste Schritt auf dem Weg zur Ganzheit. Dies ist wichtig, um einen Überblick zu erhalten. Zu wissen, wo man steht, wie man dort angelangt ist und das eventuell, wenn Sie das möchten, wieder ändern kann. Schließlich soll Ihr Leben viel Freude und Leichtigkeit bedeuten und bestimmt nicht Krampf, dazu ist Ihr Leben zu wertvoll. Notieren Sie zu jedem einzelnen Punkt, Ihre Erkenntnisse.

1.) ____

2.) ____

3.) ____

4.) ____

5.) ____

6.) ____

7.) ____

8.) ____

9.) ____

10.) ____

Geben Sie nicht Ihren Eltern die Schuld

Enorm wichtig ist, dass Sie nicht in die Opferrolle verfallen. Siehe mein Buch „Komme endlich aus der Opferrolle heraus!“ Den Eltern die Schuld zu geben, ist nicht die feine englische Art, zumal die Erziehung spätestens mit dem 18. Lebensjahr abgeschlossen ist. Ab diesem Zeitpunkt sollten Sie selbstständig sein. Nun tragen Sie die Verantwortung dafür, voll und ganz. Stehen Sie zu sich und das, was Sie erlebt haben, spielt keine Rolle mehr. Die Frage ist viel mehr

- Wo geht es hin?
- Was ist Ihr Ziel?
- Was ist Ihre Vision?
- Was ist Ihr Lebenswerk?

Es spielt keine Rolle, was Sie erlebt haben

Die meisten Menschen sind lieber für das Aufgeben, darin baden sie sich, das ist jedoch uninteressant, Vergangenheit. Das Wort sagt aus, dass es vergangen ist. Das, was vergangen ist, kommt niemals wieder. Warum wollen wir uns damit überhaupt noch beschäftigen, schauen Sie immer nach vorne. Bewältigen Sie die Gegenwart meisterlich, denn nur im „Hier und Jetzt“ haben Sie eine Chance, für die Zukunft Sorge zu tragen. Die Dinge in die Wege zu leiten, alles andere ist und bleibt eine Farce.

Früher schauten wir nach vorne

Sie erinnern sich vielleicht noch, als wir jung waren, schauten wir nach vorne. Wie oft haben wir damals gesagt, wenn ich einmal älter bin, dann............! In der Hoffnung gelebt, dass sich die Dinge positiv ändern und alles passt. Was haben wir alles gehofft und gewünscht, eines Tages zu sein? Was ist davon Wirklichkeit geworden? Oft beachtlich wenig, denn schließlich haben wir unser Leben mit vielen Fähigkeiten geschenkt bekommen. Wenn wir nur einen kleinen Hauch davon benutzen, ist das traurig. Überprüfen Sie, wie es bei Ihnen damals ausschaute. Schreiben Sie alles auf, was Sie werden wollten und notieren Sie, ob ja oder nein.

Maßnahmen	**Start**	**Ende**

Wie ist Ihr Empfinden? Vielleicht finden Sie es mühsam, dass ich Sie permanent nach Ihrem Wohlbefinden frage. Es ist jedoch enorm wichtig, dass es Ihnen gut geht und Sie sich absolut wohlfühlen. Dadurch haben Sie die Chance, in den Wohlfühlbereich zu gelangen und Leistung zu erbringen.

Ihr Fazit: ____

Im Alter schauen wir nach hinten

Wenn wir älter sind, schauen wir nach hinten und sind der Meinung, dass früher alles besser war. Ein großer Trugschluss und zugleich wieder einer dieser Alibigeschichten, nach dem Prinzip "Früher war alles besser, heute ist es schrecklich. Aus diesem Grunde können wir leider nichts mehr ändern!" Dann stürzen wir uns voll in die Altersfalle „Hätte ich doch" und „Das soll jetzt alles gewesen sein?" Ich finde, das ist mit das Bitterste, was ein Mensch überhaupt erleben kann.

Wo befindet sich Ihre Schmerzgrenze

Wenn Sie Revue passieren lassen, wo befindet sich Ihre Schmerzgrenze? Es gibt im Leben zwei Möglichkeiten, entweder freiwillig zu lernen oder über Schmerz gezwungen zu werden. Sie kennen es sicherlich, dass Dinge, die wir nicht erledigen, aufschieben, zu uns zurückkommen, in der Regel heftiger. Keine sehr schöne Situation, wenn man davor steht. Lassen Sie es nie soweit kommen.

Geld ist nicht alles

Wie oft habe ich das schon gehört. „Geld ist nicht alles" das kann ich bestätigen. Aber auch noch etwas anderes „Ohne Geld ist alles nichts!" Das ist weitaus tragischer, wenn sich das gesamte Gedankengut um Geld dreht, weil es hinten und vorne nicht reicht. Dies ist wesentlich schlimmer und unangenehmer. Viele möchten viel Geld besitzen, reich sein, das geschieht nicht von alleine. Da muss man sich engagieren und dran bleiben.

Wie viel Geld hätten Sie gerne

Haben Sie sich darüber jemals Gedanken gemacht? Wie viel soll es sein? Auf diese Frage antwortet die Mehrzahl „Genügend!" Wie viel haben Sie dadurch? Genauso viel, wie Sie sich gewünscht haben. Genügend und das ist zu wenig. Schlimm? Nein nur tragisch, wenn man sich etwas wünscht und es nicht erhält, das ist frustrierend. Sie erinnern sich, dass Ziele klar, konkret, messbar und unmissverständlich sein müssen? Genau das ist die Ausgangsbasis, es ist eine feststehende Größenordnung. Nennen Sie den Betrag, über welchen Sie im Monat verfügen möchten.

€ ______________________________

Wie viel Geld hätten Sie gerne in zehn Jahren auf Ihrem Konto?

€ ______________________________

Wenn Sie diese Summe vor Augen sehen, wie fühlen Sie sich? Notieren Sie Ihre Empfindungen, ohne langes Nachdenken.

1.) ____

2.) ____

3.) ____

4.) ____

5.) ____

6.) ____

7.) ____

8.) ____

9.) ____

10.) ____

Sind Ihnen folgende Gedanken gekommen?

- Wäre schon schön
- Das ist fast zu viel
- Was könnten die anderen denken
- Es ist unrealistisch
- Wie soll ich das schaffen
- Zu viel Geld macht unglücklich

Leider sind die Meinungen und Einstellungen über Geld nicht positiv. Das ist Unsinn, denn Geld ist weder gut noch schlecht. Geld ist genau das, was Sie daraus machen. Wie denken, fühlen und handeln Sie? Eine enorm wichtige Frage, von der es abhängt, ob Sie genug haben werden oder nicht.

Was sind Sie bereit, dafür zu tun

Das ist die primäre und grundlegende Frage. Von alleine wird das

Geld, welches Sie sich wünschen, nicht in Ihr Leben treten. Das wäre zu schön, um wahr zu sein. Ich wiederhole mich „Von nichts, kommt nichts!“ Folglich ist es besser, Sie haben ein klares Ziel vor Augen, die entsprechende Planung und sofort geht es an die Umsetzung. Warten Sie keine Minute, denn in der Verwirklichung, liegt Glückseligkeit.

Wenn Sie das tun, was Sie immer tun, ändert sich nichts

Das muss man wissen und kann es nicht genug betonen. Sie müssen zwangsläufig Ihre Programme ändern, damit sich in Ihrem Leben und hier speziell zum Thema Geld etwas ändert.

„Wer immer nur das tut, was er bisher getan hat, wird immer das Gleiche ernten!“

Ich finde es erschütternd, dass viele Leute das Prinzip nicht verstehen wollen. Sie glauben, dass sich die Dinge mit Hoffen, Beten und Bangen richten werden. Vergessen Sie es, auf den Lottogewinn zu warten. Machen Sie sich auf den Weg, geben Sie Gas und schauen Sie weder nach rechts noch nach links. Haben Sie Ihre Ziele oder Ihr Lebenswerk vor Augen. In diesem speziellen Falle, die Geldsumme monatlich und in 10 Jahren, alles andere ist uninteressant.

Schaffen Sie das alleine

Das ist die große Frage. Schaffen Sie das wirklich alleine? Seien Sie ehrlich zu sich selbst.

Ja, ich schaffe es aus folgenden Gründen

1.) ____

2.) ____

3.) ____

4.) ____

5.) ____

Ich glaube, es aus folgenden Gründen nicht zu schaffen

1.) ____

2.) ____

3.) ____

4.) ____

5.) ____

Ehrlichkeit ist eine wichtige Tugend. Machen Sie sich bitte nichts vor. Wenn Sie denken es zu schaffen, begründen Sie es. Das ist wichtig, denn wie schnell haben wir schon aus dem Bauch heraus gesagt „Das ist alles kein Problem!" Und es hat sich als ein sehr großes Problem entpuppt. Diesen Zustand wollen wir nie wieder im Leben. Sie benötigen das gesamte Durchhaltevermögen, welches es gibt, um all die Dinge zu erreichen, die Sie sich tatsächlich vorgestellt haben.

Ihr Fazit: ____

Wenn Sie es ohne Hilfe schaffen

Herzlichen Glückwunsch, das finde ich großartig. Sie gehören zu den wenigen Ausnahmen, die alleine aus ihrem alten Leben, in ein neues hineintreten. Das finde ich eine tolle Leistung. Wichtig ist, dass Sie sich dessen hundertprozentig sicher sind. Nach dem Prinzip von „Versuch und Irrtum" das Ganze auszuprobieren, nur um eventuell Geld für einen Berater zu sparen. Dabei Zeit zu verlieren, damit ist nichts gewonnen. Im Gegenteil, Sie würden viel Zeit damit verlieren und diese ist bekanntlich das Wertvollste. Folglich passen Sie gut auf sich auf, dass Ihnen das nicht passiert, denn in dieser Zeit könnten Sie mit zügigen Schritten auf Ihr neues Leben zulaufen.

Wenn Sie es nicht ohne Hilfe schaffen

Dazu zähle ich ca. 98% der Menschheit, was nicht schlimm ist. Wie heißt es so schön

„Der Kluge lernt von anderen, der Narr macht alles alleine!"

Diese Aussage hat mir oft geholfen, wenn ich vor einer Aufgabe stand und mir nicht sicher war, was das Beste ist. In manchen Punkten sind wir Menschen komisch, geben für unnütze Sachen Geld aus. Für das Wesentliche, Dinge, die unserer Fort- und Weiterbildung dienen, scheint nichts übrig zu sein. Holen Sie sich professionelle Hilfe. Mehr darüber im Kapitel "Wie finde ich einen guten Coach."

Bis wann wollen Sie es geschafft haben

Da sind wir wieder beim sich festlegen. Sie sollten nicht vage vorgehen, sondern es auf den Punkt bringen, auch wenn Sie das ungern tun. Ohne uns auf ein klares Datum zu fixieren, laufen die Jahre und wir sind erstaunt, dass das Leben dermaßen schnell abgelaufen ist, ohne das wir angefangen haben.

Passives Einkommen

Wenn Sie mehr haben möchten, ist es oberste Priorität, dass Sie aus Ihrem eins zu eins Geldfluss herauskommen. Das bedeutet für Sie, Sie müssen Ihre Arbeitsleistung bereitstellen und erhalten dafür entsprechendes Geld. Je nachdem mehr, oder meistens eben weniger, als Sie sich letztlich vorgestellt haben. Das Ganze läuft so lange gut, wie Sie sich Ihrer Arbeitskraft sicher sind. In dem Moment, wo diese Sie aus was für einem Grund auch immer verlässt, wird es gefährlich. Da können Sie nur hoffen, dass das soziale Netzwerk Sie auffangen wird. Meistens ist das nie mehr wie vorher. Also heißt es für Sie dringend, den Pfad zu verlassen und sich mit Ihrem passiven Einkommen zu beschäftigen.

Was ist ein passives Einkommen

Leider wissen die wenigsten, was ein passives Einkommen ist. Nun hängt es natürlich auch damit zusammen, was Sie überhaupt erreichen möchten. Es gibt einige Menschen, die sind absolut zufrieden mit Ihrem Einkommen, das finde ich genial. Es geht dabei nicht um viel oder wenig. Glücklich und zufrieden zu sein, ist das Schönste, was es gibt. Ich kenne aber viele, die das nicht sind. Diese sind unglücklich mit ihrem Leben und ihren Finanzen. Das ist unbefriedigend und macht mit der Zeit krank. Genau das, gilt es sich zu ersparen. Passives Einkommen ist das Einkommen, welches nach einer Leistung von Ihnen immer wieder generiert wird, ohne dass Sie hierfür selbst arbeiten müssen.

Wenn das so einfach wäre, würden es alle tun

Es ist in der Tat einfach und das haben schon viele bewiesen. Einige haben aber bewiesen, dass sie es nicht verstehen. Schlimm, nein bestimmt nicht. Wir alle haben unser Leben geschenkt bekommen. Ein Traum, ich bin immer wieder davon begeistert, wie alles von selbst funktioniert. Oder sind Sie im Moment mit der Einstellung Ihres Herzschlages beschäftigt, geben Sie gerade Befehle an Ihren Verdauungstrakt, damit dieser optimal funktioniert? Ich glaube nicht, das funktioniert von selbst. Sie müssen sich überhaupt nicht darum kümmern.

Was ist optimal

Wichtig ist einen Bereich zu finden, in welchem Sie sehr gut sind. Den gibt es, auch wenn viele das verneinen. Das nenne ich das allgemeine Theater. Jetzt geht es darum, diesen Bereich zu monitarisieren. Das heißt, zu Geld zu machen, in dem Sie diese Dienstleistung anbieten. Das Prinzip des „Geld machen's" im wahrsten Sinne des Wortes besteht darin, den Menschen

„Einen hohen Nutzen zu bieten!"

Stets sollten Sie sich fragen, was haben andere davon, dass es mich gibt? Leider machen es die meisten umgekehrt. Da ist die Frage, was die anderen für mich tun können. Das sehen wir leider an allen Ecken und Enden. Nun denn, eine lange Zeit mag das gut gehen, aber irgendwann ist Schluss damit, denn Nassauer, egal welcher Art, zählen nicht zu den beliebten Zeitgenossen.

Wie schnell baut sich das auf

Dies werde ich häufig gefragt, bestimmt nicht über Nacht. Es ist ein Prozess, wie viele andere auch. Bis ein passives Einkommen langsam anfängt zu greifen, Sie davon supergut leben können, benötigt es im Schnitt fünf Jahre, alles andere ist unseriös. Oft wird Ihnen etwas anderes vorgegaukelt, dass man ohne viel zu tun, zu Reichtum gelangen kann. Dem Reichtum gegenüber steht aber ein entsprechender Einsatz. Ohne diesen besonderen Einsatz, wird sich nichts tun oder eben sehr wenig.

Was Sie alles dafür tun müssen

„Was muss ich dafür tun?" Viele möchten einen Tipp haben und dann muss es laufen. So easy ist es nicht, sonst gäbe es in der Tat nur Menschen mit viel Geld, lauter Millionäre. Sie benötigen einen klaren Masterplan, denn Ihr passives Einkommen soll sicherlich nicht ein paar Tage sprudeln, sondern ein Leben lang. Dann fängt es an, richtig Spaß zu machen. Ohne jetzt in die Vielfältigkeit einzutauchen, benötigen Sie ein hohes Engagement. Sie müssen bereit sein, die nächste Zeit Überdurchschnittliches zu leisten, dürfen keinen Durchhänger haben. Müssen neben Ihrem alten Beruf, Tag für Tag für Ihr neues Projekt

„Mein passives Einkommen“

arbeiten. Wenn Sie abends von Ihrem Hauptjob total müde sind, müssen Sie noch genügend Energie aufbringen, um einige Stunden zu arbeiten. Am Wochenende, an dem fast alle Menschen faulenzen, sind Sie an der Arbeit. Wenn Sie bereit sind, diesen Weg zu beschreiten, Geduld und das berühmte Durchhaltevermögen an den Tag legen, werden Sie es schaffen. Ansonsten bleibt es eine Farce. Bedenken Sie

„Unerfüllte Träume sind grausam!“

Wollen Sie sich das wirklich antun? Ich kann es mir nicht vorstellen. Vor allem jetzt nicht, wo Sie darüber bescheid wissen. So passen Sie sehr gut auf sich auf.

Warten Sie keine Minute länger

Das möchte ich Ihnen ans Herz legen. Warten Sie keine Minute länger, wenn Sie bereit sind, diese Schritte zu gehen. Sie werden sich sonst ärgern, nicht früher angefangen zu haben. Ärger ist nicht gesund, da machen wir uns nichts vor. Ihr Ziel muss es sein, ein Leben absolut ohne Ärger zu leben, in völliger Harmonie und Glückseligkeit, mit sich und der Umwelt. Sagen Sie jetzt nicht, das gibt es nicht. Das gibt es, aber dafür müssen Sie etwas tun.

Lesen Sie das Buch, passives Einkommen

Ans Herz legen, möchte ich Ihnen mein Buch „Schaffe dir endlich ein passives Einkommen!“ In diesem Werk geht es ans Eingemachte. Sie lernen sich besser kennen, kristallisieren Ihre Fähigkeiten heraus und erkennen, wie Sie diese gewinnbringend anwenden. Die Investition von € 19,80 haben Sie innerhalb von kürzester Zeit hereingeholt. Also zaudern und zögern Sie nicht. Sie haben sicherlich schon für dümmeres Geld ausgegeben. Ganz bestimmt, was sind heutzutage € 19,80? Dafür erhalten Sie in 2014 gerade einmal vier Schachteln Zigaretten. Das In-Getränk Latte macchiato, je nachdem, wo Sie hingehen, fünf oder sechs Mal. Dieses Buch ist eine großartige Investition in Ihre Zukunft.

Haben Sie keine Angst vor Fehlern

Was die Menschen permanent quält, ist die unendliche Angst vor Fehlern. Diese Erziehungsmethode hat fast bei allen Menschen tiefe Narben hinterlassen. Ein völlig gestörtes System, wo man die Menschen anhand ihrer Fehler misst, nicht wegen ihrer guten und richtigen Taten. So etwas kann nicht gesund sein, lässt sich auch nicht schönreden.

Wann wurden Sie bestraft

Sie kennen es bestimmt noch, bei Fehlern wurden Sie bestraft. Ganze Systeme sind nach dem Prinzip aufgebaut. Zu Strafen, ist für viele zu einer wunderschönen Nebenbeschäftigung geworden. Andere Menschen zu quälen, denn der Gegenüber hat je nachdem, in welcher Position er sich befindet, überhaupt keine Chance, sich dagegen zu wehren. Dadurch werden ganze Generationen zu armen, angstgeplagten Wesen erzogen, die Angst haben, irgendeinen Fehler zu begehen.

Wann wurden Sie belohnt

Sie haben nicht nur Fehler gemacht, sondern auch manches gut. Was ist hier passiert? Meistens gar nichts, man hat es zur Kenntnis genommen, es als eine Selbstverständlichkeit abgetan. Auch eine nette Vorgehensweise, anstatt sich darauf zu besinnen, das Lob wesentlich mehr bringt als Strafe. Dies hat sich aber aufgrund der Weitervererbung eingeprägt, sodass wir richtig abgestumpft sind. Werden wir tatsächlich eines Tages gelobt, nehmen wir das kaum wahr oder erschrecken.

Nehmen wir die Schule

Sie schreiben ein Diktat. Wunderbar, dieses übergeben Sie zur Korrektur dem Lehrer. Sie erhalten es mit dem Vermerk zurück „Vier Fehler!“ Sie haben vier Fehler gemacht, das prägt sich ein. Zuhause bei Ihren Eltern angekommen, was denken Sie, wird die erste Frage sein? „Wie viele Fehler hast du dieses Mal wieder gemacht? Hoffentlich nicht so viele!“ So oder ähnlich könnte es abgelaufen sein. Nun geht es los „Tut mir leid, ich habe vier Fehler gemacht!“ „Sag mal, bist du blöd oder was? Wir haben doch geübt, wie kann man so dumm sein“ usw. Alles wunderbar für Ihre kleine Seele. Sie sind blöd, alles klar. Das hat der Lehrer auch gesagt, irgendwann glauben Sie diesen Unsinn.

Das kann nicht normal sein

Leider ist es in unserer Welt Realität. Keiner spricht von dem Rest des Textes, in dem Ihnen keine Fehler unterlaufen sind. Viel Text, den Sie fehlerfrei geschrieben haben und wegen vier kleinen Fehlern, solch ein Theater. Ist das normal? Ich glaube nicht, für mich ist das krank, denn was mit solch abstrusen Methoden bei jungen Menschen angerichtet wird, ist schrecklich. Damit haben diese ein Leben lang zu kämpfen. Darüber macht sich keiner Gedanken. Ich hüte mich, mit Lehrern darüber zu sprechen, die Antwort lautet klar und deutlich „Das haben wir schon immer so gemacht. Was soll dieser neumodische Kram?“

Angstvoll und gestresst, gehen die Menschen durchs Leben

Vor lauter Angst keine Fehler zu machen, passiert es erst recht. Kennen Sie dieses Phänomen? Bestimmt, denn wenn man etwas besonders gut machen wollte, ging es daneben, weil man zu verkrampft an die Sache herangeht. Lösen Sie sich unbedingt davon, dadurch werden Sie freier und leistungsfähiger. Genau das benötigen Sie, um in Ihrem Leben etwas zu bewegen und endlich das Durchhaltevermögen an den Tag zu legen.

Werfen Sie Ihre negativen Glaubenssätze über Bord

Das ist von immenser Wichtigkeit, dass Sie all diese Leichen, die Sie ständig begleiten, endlich entsorgen. Es ist fatal, dass Sie mit solchen Glaubenssätzen durchs Leben gehen. Das ist ungesund, denn Angst und Furcht machen krank. Kann es das sein? Ist es das, was Sie wirklich wollen?

Wenn Sie Kinder oder Untergebene haben

Dann passen Sie bitte besonders gut auf, wie Sie mit ihnen umgehen. Es liegt in Ihrer Hand, ob Sie Ihre Kinder unterstützen und ihnen das Rückgrat stärken, damit sie ihr Leben meistern können, oder ob Sie zu der Mehrzahl gehören, denen das völlig egal ist. Genauso mit Ihren Mitarbeitern. Wie oft höre ich Chefs über die schlechten Mitarbeiter schimpfen und lamentieren. Ändern Sie Ihre Einstellung und vieles wird anders werden. Ich weiß, was Sie in dem Moment denken „Doch nicht bei meinen Leuten“ ist die eine Geschichte, die andere „Es gibt keine guten Mitarbeiter!“ Da muss ich vehement dagegen halten, es gibt kaum gute Chefs, das ist die Wahrheit.

Sind Sie überhaupt glücklich

Das ist die alles entscheidende Frage. Leben Sie so, haben Sie Ihr gesamtes Sein dermaßen eingerichtet, dass es Ihnen richtig gut geht? Wenn nein, ist dies ein Zustand, welcher unverzüglich zu ändern ist. Das heißt, es ist unbedingt Handlungsbedarf angesagt. Nehmen Sie es nicht auf die leichte Schulter, es wird der Tag kommen, an dem Sie die Dinge bereuen werden. Hierauf antworten die meisten

„Das glaube ich nicht!“

Nun denn, schauen wir einmal. Wenn nein, dann herzlichen Glückwunsch. Wenn ja, schade, denn die verlorene Zeit kann nicht nachgeholt werden.

Überprüfen Sie die Situation genau

Überprüfen Sie Ihr Leben, ob es wirklich so ist, wie Sie es sich vorgestellt haben, oder ob Sie es lieber anders hätten. „Ja, es wäre schon schön“ ist die Antwort. Wenn es schön wäre, wieso sorgen Sie nicht dafür? Auf was wollen Sie warten? Dass es besser wird, sich ändert? Dies kennen wir bereits zur Genüge. Von alleine tut sich nichts, hat sich noch nie etwas getan und wird sich auch in Zukunft nichts tun, folglich legen Sie los.

Möchten Sie so Ihr Leben verbringen

Bitte seien Sie ehrlich und schreiben Sie all die Punkte auf, die dafür sprechen, dass Sie Ihr Leben so lassen, wie es ist. Das haben wir schon tausend Mal gehabt und dennoch hapert es immer wieder. Bitte halten Sie zehn Punkte fest, welche es rechtfertigen, in Ihrem Leben nichts zu ändern.

1.) ____

2.) ____

3.) ____

4.) ____

5.) ____

6.) ____

7.) ____

8.) ____

9.) ____

10.) ____

Haben Sie zehn Punkte gefunden? Wenn nein, suchen Sie diese. Vielleicht fragen Sie sich, wieso wir meist mit zehn Positionen arbeiten. Aus folgendem Grund, weil unser Leben im Erfolg sich im Maximalismus bewegt. Minimalismus ist übel und bietet keine Auswahl. Ist es Ihnen leicht gefallen, alles auszufüllen, oder eher schwer? Wenn Sie Ihre Aufzeichnungen nochmals anschauen und zu 100% sagen können es passt, ist mein Topleben, müssen keine Änderung vornehmen, wunderbar. Wenn nein, schreiben Sie all die Punkte auf, die dagegen sprechen.

1.) ____

2.) ____

3.) ____

4.) ____

5.) ____

6.) ____

7.) ____

8.) ____

9.) ____

10.) ____

Bitte gehen Sie in Zukunft in die Schriftlichkeit. Es ist die einzige Chance, wirklich etwas zu verändern. Wenn Sie es auf dem Papier sehen, können Sie es immer wieder vergleichen. Sie erkennen die Fortschritte, genauso wie den Stillstand. Diesen gilt es unbedingt zu vermeiden. Was empfinden Sie in diesem Moment? Kommen Sie zu dem Entschluss jetzt erst recht, oder wollen Sie lieber ein wenig warten.

Ihr Fazit: ____

Wenn Sie zurückblicken, wie fühlt es sich an

Lassen Sie uns gemeinsam eine Reise in Ihre Vergangenheit unternehmen. Wie war es? Wie haben Sie sich gefühlt? Was war sehr gut? Was war hervorragend? Was war gut, mittelmäßig, oder sogar schlecht? Bitte die Einzelheiten festhalten.

1.) ____

2.) ____

3.) ____

4.) ____

5.) ____

6.) ____

7.) ____

8.) ____

9.) ____

10.) ____

Was überwiegt? Wo haben Sie Handlungsbedarf? Es ist wichtig, wegzukommen von

„Ich würde schon gerne!"

Wenn dem wirklich so ist, tun Sie es. Warten Sie keine Sekunde länger. Schenken Sie sich das Manöver des Lamentierens. So dürfen Sie sich nie wieder verhalten.

Ihr Fazit: ______________________________________

Wenn Sie nach vorne blicken, wie fühlt sich das an

Unternehmen wir gemeinsam eine kleine Zeitreise in Ihre gigantische Zukunft. Mit dem Wissen, welches Sie heute Ihr eigen nennen, was für ein Gefühl stellt sich bei Ihnen ein? Glauben Sie Ihr jetziger Wissensstand reicht aus, um zu einer glorreichen Zukunft zu gelangen? Oder fehlen da einige Dinge? Halten Sie alle Punkte explizit fest.

1.) ______________________________

2.) ______________________________

3.) ______________________________

4.) ______________________________

5.) ______________________________

6.) ______________________________

7.) ______________________________

8.) ______________________________

9.) ______________________________

10.) ______________________________

Sind Sie überglücklich, bei dem Gedanken an Ihre großartige, gigantische Zukunft? Erfüllt es Sie mit einem großen Gefühl der Zufriedenheit? Oder beschleicht Sie eher ein komisches Gefühl, vielleicht sogar eine Art Trauer?

Ihr Fazit: ______________________________

Arbeiten Sie an sich

Wenn ich auf mein Leben schaue, gab es lange eine Zeit, in der die Dinge stark divergierten. Zwischen dem, was ich wollte und was vorhanden war. Es lagen Welten dazwischen und eine Umwelt, die meinte

„Schuster bleib bei deinen Leisten!"

"Glaubst wohl, was Besseres zu sein!" Und viele weitere, solcher klugen Dummsprüche. Ich spürte in mir, dass da mehr vorhanden war. Ich wollte mich damit nicht zufrieden geben. Das konnte und durfte nicht mein Leben sein. Wenn es andere packen, wieso ich nicht auch? Das war der Anfang, seitdem arbeite ich daran, mit immer stärkerer Konsequenz. Leider ging mir zwischendurch, wenn ich nicht aufpasste, mein Durchhaltevermögen öfters baden. Im Nachhinein schade, dass ich damit kostbare Zeit verloren habe. Nun denn, auch das gehört bereits der Vergangenheit an. Ich kann und werde nur noch nach vorne schauen, nie zurück und auf mich aufpassen, dass ich nicht zurückfalle, denn der Weg dorthin ist wesentlich kürzer und unkomplizierter.

Go the extra mile

Das ist eine uralte Erfolgsregel, noch eine extra Meile zu laufen. Wenn es total aussichtslos ausschaut, Sie müde sind und „eigentlich" nicht wollen, bleiben Sie dabei, immer weiter, weiter und nochmals weiter. Nehmen Sie die Energie und setzen diese um. Am Anfang wird es Ihnen häufig schwerfallen und Sie werden sich in Ihr altes Leben zurücksehnen. Es ist leichter und angenehmer in der Komfortzone zu verharren, da tut sich aber nichts. Da bleibt alles, wie es war. Wenn Sie eine Veränderung herbeiführen möchten und diese fest in Ihrem Herzen verankern, dann tun Sie genau das.

Tun Sie immer mehr, als die anderen

Das ist von immenser Wichtigkeit, unabhängig davon, ob Sie Angestellter oder selbstständig sind. Wenn Sie mehr leisten als alle anderen, fällt das auf. Man nimmt es wohlwollend zur Kenntnis. Sie werden dafür belohnt werden. Hier höre ich häufig

„Ich kann tun und lassen was ich will, mein Chef, meine Kunden merken nichts! Mich nimmt keiner richtig wahr."

Das ist eine der berühmten Opferstorys. Wie kann man sich dermaßen anstellen. Gehören Sie auch zu dieser Gattung Mensch, die immer negative Gedanken haben? Ich hoffe nicht, denn diese Untugend gilt es schnellstens und für immer abzulegen. Wenn die anderen dies nicht entdecken, liegt es ausschließlich bei Ihnen. Wenn Sie sich zu wenig engagieren, nützt es nichts, auf den großen Erfolg zu hoffen und zu warten.

Wenn Sie denken, es geht nicht mehr

Dann krempeln Sie die Ärmel nach hinten, geben Vollgas und lassen sich von niemandem in Ihrem Umfeld beirren. Schwierigkeiten gehören bei all Ihren Vorhaben mit dazu, machen das Ganze unheimlich spannend. Menschen, die aufgeben, haben verloren. Machen Sie sich folgendes Zitat zur Maxime

„Gib nie, nie, niemals auf!“

Denn, wer aufgibt, hat verloren und das ist bitter. Möchten Sie das in Zukunft noch einmal erleben?

Geben Sie erst auf, wenn Sie tot sind

Geben Sie erst auf, wenn Ihr Leben zu Ende ist. Vorher bleiben Sie dabei, komme, was da wolle. Immer wieder das Gleiche, nämlich dran bleiben. Ich finde es erschütternd, wie schnell die Menschen aufgeben, alles hinschmeißen. Da werden Leben weggeworfen und man ist erstaunt, dass es das Schicksal nicht gerade sonderlich gut mit einem gemeint hat.

Von den Problemen in die Lösungen

Wenn es keine Probleme gäbe, wäre die Welt ein Traum, es könnte wunderbar sein. Diese ewigen Probleme kosten mich unendlich Zeit und Kraft. Merken Sie sich folgendes, es wird eine Zeit kommen, da haben Sie keine Probleme mehr. Hoffen wir, dass dies noch ewig dauern wird. Solange Sie jedoch am Leben sind, gehören Probleme zum Wachstum, jedes einzelnen Menschen.

Probleme sind Wachstumsförderer

Das sehen viele leider anders. Wenn Sie kurz innehalten und über Ihr Leben reflektieren, wann hat dieses eine Wende genommen? Bestimmt nicht, wenn alles von alleine lief. Immer erst dann, wenn das Problem und die Not am größten sind, taucht der Wunsch auf, es anders zu machen. Schreiben Sie die Momente in Ihrem Leben auf, in denen sich dies zugetragen hat.

1.) ______________________________

2.) ______________________________

3.) ______________________________

4.) ______________________________

5.) ______________________________

6.) ______________________________

7.) ______________________________

8.) ____

9.) ____

10.) ____

Wenn Sie keine zehn Punkte gefunden haben, gehen Sie nochmals in die Tiefe. Es ist immens wichtig, dass Sie dieses Gefühl wieder erhalten. Dadurch haben Sie die Chance, daran anzuknüpfen. Leider verlieren viele Menschen im Laufe des Lebens, das Gefühl eines Gewinners. Sie können sich nicht daran erinnern, wie gut Sie einmal waren.

Ihr Fazit: ____________________________________

Ich habe keine Energie

Das ist unglaublich, wenn die Menschen dies behaupten. „Ich habe keine Energie mehr!" Wenn Sie keine besitzen, sind Sie tot. Solange Sie jedoch dieses Buch noch lesen können, sind Sie höchst lebendig. Also erzählen Sie nie solche Märchen. Wozu denn auch, es sind reine Alibigeschichten. Haben Sie schon einmal mitbekommen, wie viele Menschen auf dieser Schiene reiten, dass sie kaputt sind, nicht mehr können? Ändern Sie dringend Ihre geistige Einstellung. Eines ist klar, wenn Sie permanent gegen so viel Widerstand arbeiten und nicht im Wohlfühlbereich sind, kostet das unheimlich Energie. Dinge zu tun, die keinen Spaß machen, sind reine Energieräuber.

Glauben Sie an sich

Dies ist einer der wichtigsten Punkte im menschlichen Leben, der feste Glaube an sich und sein Leben. Leider wurde uns viel davon genommen. Die Eltern sind da große Spezialisten, anstatt Ihre Kinder zu stärken, wird das Gegenteil implementiert. Glaubenssätze werden ferner von den Lehrern, Freunden und weiteren Menschen in unserem Umfeld verankert. Der Negativismus herrscht vor und das Endresultat daraus, entspricht genau dem.

An was glauben Sie

Wie intensiv glauben Sie an sich? Auf einem hohen Level oder eher unterster Bereich. Ich hoffe nicht, denn es ist zu wichtig. Ihre Einstellung beschäftigt Sie Tag und Nacht. Ihre Gedanken sind vergleichbar, mit einem verseuchten Atomreaktor, der permanent strahlt und Sie werden entsprechend kontaminiert. Das können Sie überhaupt nicht verhindern, darum passen Sie gut auf sich auf. Notieren Sie Ihre Glaubenssätze, welche sich auf Sie beziehen.

1.) ____________________

2.) ____________________

3.) ____________________

4.) ____________________

5.) ____________________

6.) ____________________

7.) ____________________

8.) ____

9.) ____

10.) ____

Wie lebensbejahend ist Ihre Auflistung? Kreuzen Sie alles Positive an, oder nehmen Sie einen Leuchtmarker zur Hand. Wenn zwei Drittel der Aufzählung positiv sind, sind Sie sehr weit. Wenn nicht, besteht dringend Handlungsbedarf.

Ihr Fazit: ____

Es ist Ihre wichtigste Aufgabe

Erklären Sie es zur allerwichtigsten Aufgabe in Ihrem Leben, dass Sie sich ab sofort, von der ersten bis zur letzten Tagesminute in der Sie wach sind, positiv und lebensbejahend programmieren. Ihr Gedankengut, um Ihr großes Lebenswerk, kreist nicht um irgendeinen Schrott.

Es gibt noch jemand, der an Sie glaubt

Ich glaube fest an Sie. Sie sind etwas Besonderes, sonst hätten Sie dieses Buch nicht gekauft und würden intensiv an sich arbeiten. Wenn Sie an sich glauben, kann überhaupt nichts passieren. Dann sind Sie auf Ihrem richtigen Weg, in eine unglaubliche Zukunft.

Lassen Sie ab sofort alles Negative hinter sich

Das Leben befindet sich vorne und nicht hinten. Wenn Sie negative Gedanken und Gefühle beschleichen sollten, steuern Sie dagegen. Lassen Sie solche Gedanken nicht aufkommen. Es passt nicht in Ihr neues Leben. Vielleicht sind Sie in diesem Moment bereits wieder am Zweifeln. Das ist das Schlimmste, was Ihnen passieren kann. Sie dürfen nie zweifeln, weil Sie dadurch dem Negativen vollen Vorschub geben. Es wird sich erneut in Ihr Leben einnisten. Bauen Sie ein Frühwarnsystem ein, immer wenn solche Gedanken auftauchen, läuten die Alarmglocken.

Negatives durch Positives ersetzen

Es ist Ihre Aufgabe, nicht die der anderen, nach dem Motto „Ich wäre mit mir zufrieden, aber die anderen!" Das ist Blödsinn, die anderen mit ihren Launen, haben Sie nicht zu interessieren. Das Einzige, was für Sie wichtig ist, ist Ihre eigene Gedankenwelt. Am Anfang wird es Ihnen schwerfallen, mit der Zeit gewöhnen Sie sich aber daran und es wird zur Selbstverständlichkeit.

Hüten Sie sich vor negativ denkenden Menschen

Auch wenn Ihnen jetzt vielleicht in den Sinn kommt, das kann man doch nicht machen. „Erstens sind Sie nicht man, zweitens ist es sogar Ihre Pflicht, sich zu schützen und in Acht zu nehmen!" Sie dürfen nicht blindlings durchs Leben schreiten und so tun, als wären Sie immun. Genau das sind Sie nicht. Schützen kann man sich nur, in dem Sie solchen Menschen aus dem Weg gehen.

Bauen Sie einen neuen Kreis an positiv Denkenden auf

Das ist meine Empfehlung an Sie. Bauen Sie sich ein neues Umfeld auf. Es wird teilweise schmerzhaft sein, die alte, gewohnte Welt loszulassen. Sie werden dadurch aber neue Energie gewinnen, die mehr überwiegt, als der Verlust. Ein wenig Zeit für den Umbau werden Sie benötigen, es wird nicht leicht sein, solche Menschen sofort zu finden.

„Wer suchet, der findet“

Das steht bereits in der Bibel, leben Sie danach und Ihnen geht es besser. Sie sind wesentlich leistungsfähiger und super gelaunt. Denn solche Powerleute werden Sie mitreißen, wenn Sie eine Schwäche zeigen und umgekehrt. Die negativ Denkenden reißen Sie auch mit, aber in eine andere Richtung.

Arbeiten Sie mit einem Erfolgscoach zusammen

Das kann ich Ihnen sehr ans Herz legen. Nicht mit irgendeinem Coach, sondern ausschließlich mit einem Erfolgscoach, denn dieser ist voll auf Erfolg ausgerichtet und wird Sie coachen. Er wird Sie fordern und fördern. Hier einige Parameter, damit Sie den für Sie richtigen Coach finden.

Ein Erfolgscoach muss 20 Jahre, mit Erfolg im Geschäft sein
Ich finde es erschreckend, dass Leute zum Coach ausgebildet werden, die keine Ahnung von der gesamten Materie haben. Menschen, die selbst nichts bewegt haben, sollen anderen helfen und sagen, wie es zu funktionieren hat. Unglaublich und das Chaos danach ist perfekt. Dadurch wenden sich viele Menschen vom Coaching ab, weil sie mit Recht sagen, dass es nichts bringt. Überprüfen Sie genau, wie lange Ihr Coach auf dem Markt ist und was er bewegt hat.

Ein Parameter ist die Suchfunktion bei „Google"
Geben Sie den Namen Ihres Coaches ein und prüfen Sie, wie oft dieser erscheint. Sie werden erstaunt sein, häufig finden Sie überhaupt keine Einträge oder nur wenige. Das ist fatal und zeugt nicht von einer guten Reputation, Sie müssen wachsam sein. Es nützt nichts, wenn Ihr Coach Ihnen erzählt, wie erfolgreich er ist. Wenn er wirklich hervorragend ist, werden Sie ihn finden. Wenn Sie ihn nun darauf ansprechen, kommt hundertprozentig die Alibigeschichte „Wissen Sie, das Internet ist nicht alles!" Oder sonst eine abenteuerliche Story. Welch ein Schwachsinn, das Internet ist heutzutage das Allerwichtigste. Wer das Gegenteil behauptet, hat keine Ahnung.

Ein Erfolgscoach muss Bücher veröffentlicht haben

Das ist ein absolutes „Muss!“ Wer etwas zu sagen hat, und das sollte ein Coach, muss Bücher geschrieben haben. Sie glauben gar nicht, wie viele kein einziges Buch geschrieben haben. Auch da werden Sie einige absurde Geschichten hören, wie „Ach wissen sie, es gibt unzählige Bücher auf dem Markt, da wollte ich nicht auch noch eines schreiben!“ Wie kann man solche Sachen behaupten. Nun denn, solange es Menschen gibt, die diesen Schwachsinn glauben...........!

Ein Erfolgscoach muss Vorträge halten

Das gehört fest zum Programm dazu. Er muss in die Welt hinausgehen und an verschiedensten Orten Vorträge halten. Da wird es sich zeigen, wie gut jemand ist, wenn er imstande ist, ein größeres Publikum zu fesseln. Vor Ihnen den großen Helden zu spielen, ist kein Problem. Jedoch in der Öffentlichkeit, da sieht es anders aus. Auch darüber gibt es nette Geschichten „Ach wissen sie, ich arbeite lieber eins zu eins mit meinen Klienten. Diese öffentlichen Auftritte bringen nichts.“ Klar, weil er Angst davor hat. Ein Erfolgreicher hat damit keine Probleme.

Ein Erfolgscoach muss eigene Projekte haben

Ein Coach, der sich nur aufs Coaching konzentriert, verliert den Bezug zur Basis. Hier ist es erforderlich, dass er mitten im Berufsleben steht und eigene Projekte leitet, oder darin involviert ist. Denn je länger jemand nur coacht, desto mehr wird er zum reinen Theoretiker und davon hätten wir genug auf dieser Welt. Sie sind der Leidtragende, wenn Sie sich von einem Theoretiker coachen lassen und merken, dass die Dinge nicht umsetzbar sind.

Ein Erfolgscoach lädt Sie kostenlos zu einem halben Tag ein

Coaching hat mit Vertrauen und Sympathie zu tun. Erfolgscoaching dauert über einen längeren Zeitraum. Da müssen die Parameter passen, sonst ist es nicht vom Erfolg gekrönt. Aus diesem

Grunde machen Sie sich auf den Weg. Jetzt und sofort, warten Sie keine Sekunde länger.

Lesen Sie das Buch „Hüte dich vor den Coachs"

Da habe ich ein Werk geschrieben, welches sich ausschließlich um das Thema „Coaching" handelt. Schrecklich, was sich hier tummelt und wie frustriert die Menschen nach einem Coaching sind. Das muss nicht sein, wenn die Auftraggeber aufpassen würden. Einfach nicht blauäugig durch das Leben zu schreiten, sondern bedacht. Anhand des Buches lernen Sie alles, was dazu erforderlich ist. Es ist von der ersten bis zur letzten Seite spannend.

Ein Erfolgscoach hat ein angemessenes Honorar

Was billig ist, taugt nicht viel. Ich weiß, dass bei solchen Aussagen ein großer Aufschrei durch die Coachingwelt geht, dass dem nicht so ist. Es ist aber leicht zu erklären, dass ein Erfolgscoach in Sachen Erfolg unterwegs ist. Es ist sein Thema und er selbst hat auch großen Erfolg. Er besitzt außerhalb des Coachings eine eigene Firma. Dort verdient er super und kann bestimmt nicht Coachingstunden billig verkaufen. Denn er weiß, dass das Kostbarste, was es auf dieser Erde gibt, die eigene Lebenszeit ist. Es gilt als Erfolgreicher, diese Zeit optimal zu nutzen, um den höchstmöglichen Gewinn zu erzielen. Wir sprechen in 2014 von einer Mindestsumme von € 600,- zzgl. Mehrwertsteuer pro Stunde.

Ab € 600,00 das ist aber teuer

Im Gegensatz zu was? Die Frage ist nicht, was es kostet, sondern was kostet es, wenn Sie es nicht tun? Der Preis hierfür ist um ein Vielfaches höher. Da Sie jedoch, wie die meisten, nun bestimmt unsicher sind, gibt es den halben Coaching-Tag geschenkt. Dann entscheiden Sie, wie wichtig es ist und was es Ihnen bringt.

Die Zeit war noch nie so gut wie jetzt

Lesen Sie diesen Satz mehrmals durch, leben und handeln Sie danach. Genau heute beginnt der Rest Ihres neuen und großartigen Lebens, nicht morgen oder übermorgen. Sie haben alles in sich, was erforderlich ist. Sie sind als Gewinner auf diese Welt gekommen, leben Sie auch wie ein Gewinner.

Kein „Ja, aber"

Nie wieder, es gibt für Sie keine Grenzen, packen Sie es an. Heute, genau in diesem Augenblick, kommen Sie zu der wichtigen Entscheidung. Hüten Sie sich vor den negativ Denkenden und bauen Sie sich ein Netzwerk, an positiven Menschen auf.

Sieg ist Ihr Thema

Sie kennen nur den Sieg. Wenn es einmal nicht gelingt, handhaben Sie es wie Alva Edison, als er gefragt wurde, ob ihn das nicht belastet, mit den vielen Fehlversuchen. Er antwortete

„Im Gegenteil, ich bin richtig glücklich darüber"

„Je mehr Fehlversuche, desto besser weiß ich, wie es nicht läuft, komme dem Wesentlichen näher." Sie sehen, es ist alles eine Frage der Einstellung.

Arbeiten Sie ausschließlich an Ihrer Lebensvision

Ihre Lebensvision muss Sie dermaßen erfüllen, dass Sie förmlich von ihr getragen werden. Je länger Sie daran arbeiten, desto stärker sind Sie davon beseelt und genau das ist das Thema, Sie leben förmlich dafür. Dadurch sind Sie imstande Höchstleistung zu erbringen und mit dieser gelangen Sie voran.

Sie sind der glücklichste Mensch

Glauben Sie mir, Sie werden einer der glücklichsten Menschen auf dieser Erde sein. Ist das nicht wunderbar, mit einem Glücksgefühl aufzuwachen, sich auf den Tag zu freuen, was Sie alles erwartet und genauso abends ins Bett zu gehen? Erfüllt und unendlich zufrieden? Ignorieren Sie das Gerede „Es können nicht alle glücklich sein" das ist dummes Geschwätz. Glauben Sie an das Positive und Sie werden es erleben.

Zeit, Abschied zu nehmen

Liebe Leser,

für mich ist es jedes Mal ein ergreifender Moment, wenn ein Buchwerk zu Ende geht. Ein weiterer großer Abschnitt, in meinem Leben. Wieder habe ich Außergewöhnliches geleistet. Wieder durfte ich für Sie schreiben und Ihnen wertvolle Inputs mit auf den Weg geben.

Ich habe aus meinem und dem Leben von vielen Tausend anderen Menschen für Sie geschrieben. Auf dass Sie Ihr Leben wirklich in die eigenen Hände nehmen und sich von niemandem beirren lassen. Egal, wo dieser steht, was er erreicht hat oder meistens nicht. Das spielt keine Rolle für Sie. Sie sind ein freier und glücklicher Mensch, der seinen Weg geht.

Sie haben Ihre große Lebensvision und das ist für mich ein wichtiger Moment. Wenn ich dazu dienen darf, dass Sie aufwachen und zu Ihrer ursprünglichen Bestimmung zurückfinden, und diese dann auch leben. So kann ich sagen, auch wenn sich das jetzt ein wenig pathetisch anhören mag, wieder eine Seele gerettet.

Es ist für mich traurig zu sehen, wie viele Menschen sich quälen und dies oft ein Leben lang. Das ist schade, denn dafür haben wir unser Leben nicht geschenkt bekommen. Wahrlich nicht, denn wir sind alle zu mehr fähig.

Ich habe es am eigenen Leib erfahren dürfen was passiert, wenn man sich erstmals aufrafft und auf den Weg macht. Genauso was geschieht, wenn man sich mit Negativis abgibt, man plötzlich selbst einer von ihnen wird.

Wenn ein Werk zu Ende geht, habe ich ein lachendes und ein weinendes Auge. Ein Weinendes, weil es zu Ende ist, aus und vorbei, das Werk ist abgeschlossen. Was Sie daraus machen, weiß ich nicht. Ich kann nur hoffen, dass Sie zügig umsetzen, was Sie gelesen haben. Ein lachendes Auge, weil ich weiß, Erfolgreiche werden sich irgendwann begegnen. Sei es, Sie engagieren mich als Ihren Erfolgscoach, kommen auf eine unserer Reisen mit, oder nehmen an einem Seminar teil. Vielleicht lesen Sie ein weiteres meiner unzähligen Bücher.

Ich wünsche Ihnen auf alle Fälle, von Herzen alles Liebe und Gute auf Ihrem Lebensweg. Danke, dass Sie mich bis zum Schluss begleitet haben.

Herzlichst

Ihr Ernst Crameri

Meine und unsere Dienstleistungen

Da ich der Meinung bin, dass das Leben spannend und aufregend ist, habe ich mich nie mit einer einzigen Sache begnügt. Ich wollte immer wesentlich mehr tun und haben. Ein Mensch hat unendliche Fähigkeiten, darum gilt die Theorie von „Schuster bleib bei Deinen Leisten" schon lange nicht mehr. Vergessen Sie das, und man den erlernten Beruf beibehalten sollte, ist auch ein Ammenmärchen. Das Leben ist vielseitig und spannend, wenn wir etwas daraus machen. Deshalb freue ich mich sehr, Ihnen die verschiedensten Dienstleistungen vorzustellen. Gemeinsam mit meinem Team ist es unser Anliegen, Sie in Ihrer Weiterentwicklung zu unterstützen, Sie zu verwöhnen und dazu beizutragen, dass Sie ein wundervolles Leben auf Erden führen können.

Hier die Dienstleistungen nach alphabetischer Reihenfolge
Wählen Sie aus dem großen Leistungsspektrum und fragen Sie nach den Konditionen. Gerne sind wir für Sie da und beantworten Ihnen alle Fragen, denn glückliche und begeisterte Kunden sind unser Ziel.

- Bücher
- Einzelbehandlungen (Fitness/Wellness/Schönheit)
- Erfolgsproduzent und –coachings
- Events
- Hoteltesting
- Hörbücher
- Mystery X Tests
- Naturkosmetik-Produkte
- Privat-Jet
- Reisen

- Seminare
- Vorträge

Bücher schreiben

Sie erhalten von uns Bücher, zu den verschiedensten Themen, rund um das Leben. Ebenso bieten wir Ihnen das Ghostwriting an. Das heißt, wir schreiben mit Ihnen und für Sie Ihr Buch. Ganz wichtig für Unternehmer, denn ein eigenes Buch schafft eine wunderbare Reputation. Wenn Sie ein neues Produkt auf den Markt bringen, ist es ideal, wenn Sie das passende Buch dazu anbieten. Als Fachmann zeigen Sie durch ein eigenes Buch eine hohe soziale Kompetenz.

Unsere Kunden, die sich von der Masse der Mitbewerber abheben wollen und damit einen anderen Nimbus erhalten. **Ärzte,** die ihre spezielle Behandlung publizieren. **Hotels,** die über ihr Haus mit besonderen Eigenheiten berichten. **IT-Firmen,** die etwas Neues entwickelt haben, weitere Firmen, quer durch alle Branchen und natürlich Privatpersonen.

Wieso Ernst Crameri: Weil er zurzeit bereits 67 Bücher geschrieben hat und weitere folgen. Weil er weiß, wie es in der Branche abgeht, welche besonderen Kenntnisse erforderlich sind, ein Buch zu schreiben und zum Erfolg zu bringen.

Einzelbehandlungen (Fitness/Wellness/Schönheit)

Wir leben nur ein Mal und unseren Körper nennt man auch den Tempel, in dem die Seele und der Geist wohnt. Damit der Organismus lange auf einem hohen Level funktioniert, ist es dringlich, dass wir ihn pflegen, für ihn da sind. Bei uns erhalten Sie Behandlungen von Kopf bis Fuß. Von intensiver Massage, über fernöstliche Behandlungen und den verschiedensten Spezialanwendungen. Näheres auf der Webseite www.wellness-einzelbehandlungen.de.

Unsere Kunden sind Menschen, die mehr für sich tun wollen. Den Zeitgeist klar erkannt haben, wie wichtig es ist, dass man sich behandeln und pflegen lässt. Vom jungen Menschen, bis hin ins höchste Alter hinein. Männer wie Frauen, die sich verwöhnen lassen.

Wieso Ernst Crameri: Weil er aufgrund der 40-jährigen Erfahrung einen riesigen Fundus an Wissen und Können mitbringt. Durch die Hotelberatungen und -tests weiß er auch, wie es läuft. Ein qualifiziertes Team an Behandlern wartet auf Sie.

Erfolgsproduzent – und coachings

Als Erfolgreicher ist eines wichtig, das Erfolgswissen weiter zu vermitteln und anderen Menschen zu helfen, zum Erfolg zu gelangen. Das ist in jeder Hinsicht eine wundervolle Aufgabe. Es gibt verschiedene Arten von Coachings, einmal vor Ort in den Firmen, dann am Telefon. Es geht mit täglichen und wöchentlichen Coachings los. Wenn eine Veränderung stattfinden soll, ist es dringlich, dass man dranbleibt. Denn die alten Gewohnheiten lassen sich nicht über Nacht über Bord werfen. Es ist stets ein längerer Prozess, ein Reifeprozess, der da stattfindet.

Wer sind die Kunden, von kleinen Kindern bis hin ins höchste Alter. Es sind Menschen, welche die stärkende und beschleunigende Funktion des Coachings für ihre Entwicklung nutzen möchten oder Menschen, die Grundlegendes in ihrem Leben verändern möchten. Für die es so, wie bisher nicht mehr weiter gehen kann. Wichtig dabei ist der klare, eiserne Wille zur Veränderung. Von Einzelpersonen aus allen Schichten und Berufszweigen, bis hin zu großen Firmen.

Wieso Ernst Crameri: Weil er weiß, wie man aus Menschen Spitzenleistungen rausholt, diese mit einem Lachen und dennoch der nötigen Ernsthaftigkeit zum Erfolg führt. Erfolg ist kein Zufall, sondern planbar.

Events

Wir organisieren große Events, für die verschiedensten Veranstalter. Dabei übernehmen wir die komplette Dienstleistung der Lokationssuche, bis hin zum Catering und kompletten Handling, damit die Veranstaltung reibungslos abläuft. Unsere Erfahrung beruht auf der Organisation von vielen eigenen, wie auch Kunden-Events in der gesamten Welt. Viele Firmen vertrauen uns und lassen für ihre besten Mitarbeiter Incentives ausrichten.

Wer sind unsere Kunden, Firmen und Seminarveranstalter, die das Handling einem Profi überlassen. Genauso wie Einzelpersonen, die ein außergewöhnliches Fest, wie zum Beispiel Hochzeit, Geburtstag oder sonstige Festivitäten ausrichten.

Wieso Ernst Crameri: Events zu organisieren erfordert einen riesigen logistischen Aufwand, es sind viele Parameter, die zusammen spielen, damit es reibungslos über die Bühne geht. Ein qualifiziertes Team steht Ihnen mit Ernst Crameri während der Veranstaltung vor Ort zur Verfügung und managt den gesamten Ablauf.

Hotel- und Schiffstesting

Es gibt viele Hotels und auch Schiffe, die leider manchmal noch nicht ihre Performance erreicht haben. Sehr oft stimmt die Hardware komplett, jedoch die Software passt nicht. Beim Team angefangen von der Direktion bis hin in die einzelnen Abteilungen, da klemmt es oft.

Wer sind unsere Kunden, von kleinen Hotels und Schiffen, bis hin zu großen Hotelketten und Reedereien. Alle Dienstleister, die bereit sind, eine höhere Wertschätzung den Kunden, den Gästen gegenüber aufzubringen und das Gastdasein auch entsprechend zelebrieren.

Wieso Ernst Crameri: Weil er 80% seiner Zeit on the way ist und dies fast immer in Hotels. Das hat ihn dazu bewogen, das Buch „Servicewüste Hotels“ vollgepackt mit Tipps und Know-how.

Hörbücher

Hörbücher als wunderbares Instrument, für die Fort- und Weiterbildung. Ideal beim Autofahren, als sogenannte rollende Universität, um neues Wissen zu erlangen. Ebenso beim Sport und auch im Alltag einsetzbar.

Wer sind die Kunden, von der Einzelperson bis hin zu Firmen, die für ihre Mitarbeiter die Hörbücher bestellen und verschenken. Oder sogar als Pflichtprogramm für das eigene Team einsetzen. Nur wer permanent trainiert, hat Erfolg.

Wieso Ernst Crameri: Weil er mit seiner Sprache voller Begeisterung, die Leute motivieren kann. Die Sprache und Ausdrucksweise muss fesselnd sein und die Zuhörer begeistern. Es muss im Gegenüber etwas ausgelöst werden. Ein sich Wiederfinden, um in die Umsetzung zu gelangen. Umso hilfreicher, wenn es in einer Sprache geschieht, die den Menschen eigen ist, keine hochakademischen Worthülsen, sondern Kommunikation auf Augenhöhe.

Mystery X Tests

Als Kunde in Geschäfte gehen und einkaufen, den Service, die komplette Dienstleistung zu überprüfen, um nachher die positiven wie negativen Seiten mit der Geschäftsleitung und dem Team zu analysieren. Danach in die Veränderung zu gehen, durch Training vor Ort.

Wer sind die Kunden, jeder der ein Geschäft hat und auf Servicequalität und Kundenzufriedenheit großen Wert legt. Denn die heutige Konkurrenzsituation ist riesig, wenn ein Kunde nicht zufrieden ist, geht er gleich. Dies gilt es zu vermeiden, und für die Kunden stets die allerbeste Leistung zu bieten.

Wieso Ernst Crameri: Weil er die Zusammenhänge schnell erkennt und die Firmen wieder in den positiven Mehrwertbereich für die

Kunden führt. Jede Firma hat sogenannte Leichen im Keller, aber auch Goldadern. Erstere gilt es zu eliminieren und die Goldadern zu bergen, um Erfolg auf der ganzen Linie zu haben.

Naturkosmetik-Produkte

Herstellung und Vertrieb der eigenen Crameri-Naturkosmetik-Produktelinie, seit fast 30 Jahren. Kein riesiges Sortiment, sondern ein straffes und hochkarätiges, für jeden Hauttyp. Spannend auch als White-Labeling, die Produkte erhalten das Etikett des Kunden und sind somit seine eigene Produktlinie.

Wer sind die Kunden, der Endverbraucher, welcher jeden Monat die Produkte für den persönlichen Bedarf bezieht. Schönheitsfarmen, Kosmetikstudios, Friseure, Masseure, Physiotherapeuten, Farb- und Stilberaterinnen, Fußpfleger, Fachgeschäfte und Hotels beziehen die Produkte. Bei White-Labeling handelt es sich um Kunden.

Wieso Ernst Crameri: Weil die Crameri-Naturkosmetik GmbH seit 40 Jahren erfolgreich auf dem Markt ist, und Sie in ihr einen zuverlässigen Partner an Ihrer Seite haben. Von der Produktion bis hin zur Vermarktung.

Privat-Jet

Ein absoluter Traum, in den Privat-Jet einzusteigen und dies ohne lange Kontrollen und Warten. Die Maschine steht bereit, die Triebwerke angemacht, Sie fahren an und wenige Minuten später befindet sich der Jet bereits in der Luft. Schneller und bequemer geht es nicht.

Wer sind die Kunden, Einzelpersonen, die schnell von A nach B müssen. Skiflüge nach St Moritz, zum Autorennen nach Monte Carlo, nach Sylt und weitere spannende Flüge. Firmen, die ihre besten Kunden oder Mitarbeiter zu einem Incentive einladen. Auch Privatpersonen, die das Besondere lieben.

Wieso Ernst Crameri: Weil die Firma seit über 29 Jahren in diesem Metier vertreten ist. Ernst Crameri ist in der Regel stets persönlich dabei und betreut die Gäste vor Ort.

Reisen

In die gesamte Welt, am meisten Kreuzfahrten auf Flussschiffen und auf den Weltmeeren. Mit wunderbaren Rahmenprogrammen, wie besonderen Ausflügen, Vorträgen und Seminaren. Ebenso exklusive 5* Hotels, auf der ganzen Welt.

Wer sind die Kunden, Einzelpersonen, die gerne auf den Events dabei sind und Firmen, die Incentivereisen für ihr Team und ihre Kunden durchführen. Die besondere Belohnung für außergewöhnliche Menschen.

Wieso Ernst Crameri: Weil er die schönsten und besten Schiffe persönlich kennt. Bei den Reisen meistens selbst dabei ist, sodass der direkte Kontakt gegeben ist. Und wenn er nicht dabei ist, gibt es perfekte Betreuung durch sein qualifiziertes Team.

Seminare

Zum Thema Erfolg und alles, was damit zusammenhängt, ganzheitliche Rhetorik, Erfolgsdenken, Geldseminare, Ausbildungen zum Beauty&Wellness-Spezialisten, Social Media und vieles mehr.

Wer sind die Kunden, Einzelpersonen, die sich fort- und weiterbilden möchten. Firmen, die ihr Team zum Training und zur Ausbildung schicken.

Wieso Ernst Crameri: Durch Tausende von Schulungen und Seminaren, Top im Training und stets auf dem Laufenden. Ferner Mitglied bei der GSA, German Speakers Assoziation. Mit großer Leidenschaft und Begeisterung auf vielen Veranstaltungen dabei. Seminare von der Wiege bis zur Bahre, ist eine seiner Maximen.

Vorträge

Spannende und fesselnde Vorträge vor kleinem und großem Publikum. Vorträge zu den verschiedensten Themen rund um das Thema Erfolg, Durchhaltevermögen, Zielsetzung, Lebenswerke und zum kompletten Persönlichkeitsthema.

Wer sind die Kunden, Organisationen, die ihn engagieren, Verbände, Vereine und Firmen. All jene, die Idee, Gedanken, Innovationen zulassen und die Veränderung im heutigen Zeitalter bewirken möchten. Die den Weg schaffen wollen, in eine Welt des Erfolges. Ebenso offene Seminare, die von Ernst Crameri direkt durchgeführt werden.

Wieso Ernst Crameri: Durch die brillante Sprache und Ausdrucksweise, ein fesselnder Redner, welcher das Publikum begeistert. Sein Schweizer Akzent und Humor begeistert die Zuhörer im In- und Ausland. Vorträge in Rätoromanisch, Italienisch, Französisch, Hochdeutsch und Schweizer Deutsch. Gewinner des internationalen Speaker Slam Awards.

Bei Fragen wenden Sie sich bitte direkt an

Crameri-Naturkosmetik GmbH
Mannheimerstr. 11b
67098 Bad Dürkheim
Tel. 0049-6322-5734
Fax 0049-6322-66071
E-Mail: Sekretariat info@crameri.de
Geschäftsleitung: gn@crameri.de
Website: www.crameri.de

Ein Auszug aus unseren Werken

Ein Millionär als Traumpartner

ISBN: 978-3-86689-000-8
19,80 € (D)

Fange endlich an zu leben

ISBN: 978-3-86689-001-5
19,80 € (D)

Wahrheit und Klarheit im Kosmetik- und Wellness-Institut

ISBN: 978-3-86689-002-2
19,80 € (D)

Horror - Eingewachsene Zehennägel

ISBN: 978-3-86689-003-9
19,80 € (D)

Gib niemals auf, sei kein Verlierer

ISBN: 978-3-86689-008-4
19,80 € (D)

Bist Du ein Mörder?

ISBN: 978-3-86689-004-6
19,80 € (D)

Bist Du ein Huhn oder ein Adler

ISBN: 978-3-86689-018-3
19,80 € (D)

Der unendliche Schmerz der Verlassenen

ISBN: 978-3-86689-009-1
19,80 € (D)

Servicewüste Hotels

ISBN: 978-3-86689-010-7
29,80 € (D)

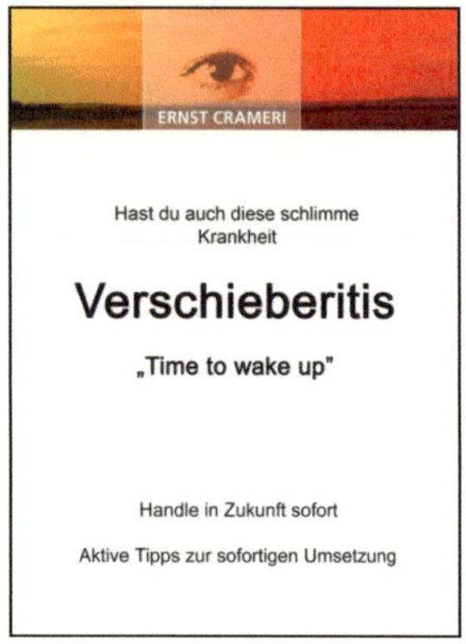

Hast Du auch diese schlimme Krankheit – Verschieberitis

ISBN: 978-3-86689-005-3
24,80 € (D)

Wieso hast Du so wenig Durchhaltevermögen

ISBN: 978-3-86689-006-0
19,80 € (D)

Höre endlich auf zu jammern

ISBN: 978-3-86689-022-0
19,80 € (D)

Sage endlich was Du willst, damit Du das bekommst, was Du willst

ISBN: 978-3-86689-014-5
19,80 € (D)

Sprich nie mehr negativ

ISBN: 978-3-86689-013-8
19,80 € (D)

Die 20 Erfolgsverhinderer

ISBN: 978-3-86689-021-3
24,80 € (D)

Alles hat seinen Preis

ISBN: 978-3-86689-0206
19,80 € (D)

**Lifelong learning
und Du wirst unschlagbar**

ISBN: 978-3-86689-015-2
19,80 € (D)

**Beschwerdemanagement
die Chance Fans zu gewinnen**

ISBN: 978-3-86689-025-1
19,80 € (D)

**Mit dem Erfolgsbuch
zum Erfolg**

ISBN: 978-3-86689-017-6
19,80 € (D)

**Hast Du Deine große
Lebensvision**

ISBN 978-3-86689-019-
19,80 € (D)

Ungeduld ist der Tod jedes Erfolges

ISBN: 978-3-86689-026-8
19,80 € (D)

Jeder hat aus seiner Sicht recht

ISBN: 978-3-86689-028-2
19,80 € (D)

Ich lebe meinen Lebensstil

ISBN: 978-3-86689-027-5
19,80 € (D)

Einen Partner übers Internet

ISBN: 978-3-86689-016-9
19,80 € (D)

An ihren Taten sollst du sie erkennen

ISBN: 978-3-86689-031-2
19,80 € (D)

Unser Lebenszug rollt und rollt

ISBN: 978-3-86689-029-9
19,80 € (D)

Gefangen in der Box

ISBN: 978-3-86689-030-5
19,80 € (D)

Vita von Ernst Crameri

Ernst Crameri erblickte im Oktober 1959 in St. Moritz (Schweiz) das Licht der Welt. Er wuchs in einem einfachen Elternhaus auf. Als kleines Kind machte er meist das Gegenteil von dem, was von ihm erwartet wurde. Im Kindergarten und der Schule ging es oft rund. Als Heranwachsender machte er jeden Streich mit, und durfte dafür an freien Nachmittagen im Sommer Rasen mähen und im Winter zum Schneeschaufeln auf dem Schulhof antreten.

Sein Traum war, ein Leben im Reichtum. Prägend waren vier Schlüsselerlebnisse. Im Winter wollte er neue Skier und einen Skipass. Sein Vater konnte nicht beides kaufen. Da ging er mittags nach der Schule in ein Kohle/Holzlager. Dort schaufelte er Kohle und stapelte Holz. Dadurch konnte er sich mit 12 Jahren einiges leisten. Dieses Gefühl der Freiheit war für ihn gigantisch. Das zweite Erlebnis war in der Schule, wenn es galt einen 2 bis 3-seitigen Aufsatz zu verfassen. Er fand das super, und so wurden es meist Werke mit über 30 Seiten. Diese Aufsätze wurden vorgelesen und prämiert.

Sein Traum war Koch zu werden und so schickte ihn sein Vater nach Lenzerheide, zu einem Cousin, der einen Hotelbetrieb führte, in die Schnupperlehre. Gleich musste er als Koch einspringen und die Schikanen nahmen täglich zu. Als er das Zimmer mit weiteren Mitarbeitern teilen musste und sein erster Lohn aus dem Zimmer gestohlen wurde, ging es den Berg runter.

Sein Vater war begeistert, dass die Verwandtschaft aus Ernst einen lebensgerechten Menschen formt, ganz nach seinem Geschmack. Die Mutter war den Tränen nahe, als ihr Sohn die Lehre aufgab. Ernst griff zur äußersten Maßnahme und legte sich beim Unterricht mit dem Rektor an. Er flog im hohen Bogen von der Schule und damit war automatisch das Thema Kochausbildung beendet. Dies war das dritte Schlüsselerlebnis.

Danach begann er in St. Moritz in einem Sportgeschäft eine Lehre als Kaufmann. Der zweite Tag, kurz vor Feierabend brachte den Durchbruch. Da kam eine südamerikanische Familie ins Geschäft. (12 Personen) Das Oberhaupt sagte einen einprägsamen Satz „We need only the best“ das kannte er bisher nicht. Nach gut einer Stunde war der Einkauf beendet und Ernst durfte an der Kasse eintippen, da stand die Zahl von CHF 128.000,00. Der Chef fragte ihn „Was schaust Du so?“ Er zeigte auf die Kasse und da meinte der Inhaber „Daran wirst Du Dich gewöhnen!“

Das war für ihn eine neue Welt. Kurz darauf kam der Skilehrer, der die Familie gebracht hatte, ins Geschäft und bekam CHF 12.800,00 für die Vermittlung. In dem Moment war für Ernst klar, dass er den Weg gehen wird. Nach der Lehre verließ er das Sportgeschäft. Im Winter war es klar, den Weg als Skilehrer zu gehen. Die Überbrückung war das Thema, also was tun im Sommer und so arbeitete er eine Zeit lang als Hilfsarbeiter bei einer Dachdeckerei.

Es war nicht der Traumjob, er brauchte aber Geld und damit wieder Unabhängigkeit. Der Versuch als Tennislehrer oder Golflehrer tätig zu sein, war von kurzer Dauer. Er heuerte bei einer Baufirma an. Wenige Tage später stellte ihm jemand ein Bein, obwohl niemand in seiner Nähe war und er rutschte den Hang herunter. Notarzt, Intensivstation und Therapie. Er ging ins Heilbad zur Therapie. Dort freundete er sich mit einem der Therapeuten an und fand Gefallen an dieser Arbeit.

Er ließ sich zum Masseur und Therapeuten ausbilden. Sein Traum war, auch Kosmetiker zu sein. Das war zur damaligen Zeit ein Ding der Unmöglichkeit. Die Schulen wollten von einem Mann nichts wissen. Ergo sprach er mit einer Kosmetikerin und machte mit ihr ein Geschäft, sie bekommt regelmäßig Massagen und bildet ihn dafür zum Kosmetiker aus. Ernst war immer sehr schnell lösungsorientiert. Im Winter war er als Skilehrer tätig. Morgens vor Skibeginn, fuhr er mit seiner tragbaren Massageliege von Villa zu Villa, von Hotel zu

Hotel. Danach den Tag über Skiunterricht und abends wieder Massagen und Kosmetikbehandlungen.

Danach als Discjockey, bis frühmorgens. Kurz ins Bett und dann ging es wieder von vorne los. Im Sommer besuchte er seine Gäste im In- und Ausland. Abgeholt von Privatjets, auf Jachten, in Villen. Da verliebte er sich in die Tochter eines Industriellen. Das fand der Vater nicht so gut. Einen Tag später musste er die Villa verlassen, das war ein herber Schlag in seinem vermeintlichen Erfolgsleben.

Dadurch verstand er, dass man nur reich ist, wenn man das Geld auch selbst in den Händen hält. Als Masseur, Kosmetiker, Skilehrer und Discjockey hatte er ein vierfaches Einkommen. Entsprach aber nie dem Einkommen seiner Gäste, die ihn als Skilehrer zum Beispiel zum Mittagessen einluden. Das kostete gleich mal CHF 600,00, und wenn er als Skilehrer essen ging, waren es gerade CHF 8,00! CHF 800,00 waren sein Monatslohn, das hat ihn sehr beschäftigt.

Für den Sommer hatte er für Australien einen Vertrag als Austauschskilehrer in der Tasche. In der letzten Woche lernte er eine Frau aus Deutschland kennen, die später seine Ehefrau wurde. Er hat es nicht übers Herz gebracht, wegzufliegen und stornierte den Vertrag. Er pendelte einige Jahre zwischen Deutschland und der Schweiz hin und her. Da er nicht als Angestellter arbeiten wollte, startete er mit der Selbstständigkeit als Masseur/Kosmetiker.

Um überhaupt Fuß zu fassen, lief er von Haustüre zu Haustüre und klingelte. Ab und an ließ ihn jemand herein und so baute er sich einen kleinen Kundenstamm auf. Um sich stärker zu etablieren, engagierte er sich als Dozent an der Volkshochschule, beim Hausfrauenbund, bei Vereinen/Verbänden. Dadurch gelangte es ihm schnell, sich einen soliden Kundenstamm aufzubauen.

Später kam ein Haus der Schönheit hinzu, die ersten Schönheitsfarmen, eine eigene Naturkosmetik-Produktelinie. Permanente Fort-

und Weiterbildungen im In- und Ausland. Er hat in der Schweiz die Chance erhalten, als Referent und Ausbilder für Gesundheitsberufe tätig zu sein. Das machte ihm viel Spaß vor Menschen zu stehen und sie zu lehren. Immer mehr Coachings kamen dazu, Trainings, Seminare und so baute er verschiedene Geschäftszweige auf. Sein größter Wunsch ist dank viel Fleiß und Durchhaltevermögen in Erfüllung gegangen, für andere Menschen da zu sein und ihnen den Weg des Erfolges zu zeigen. Mit zurzeit über 67 Büchern, circa 200 Seminartagen und unzähligen Coachings ist er für die Menschen da. Sein großes Credo **„Es gibt ein Leben vor dem Tod!“**